拝啓おやさま

道の子の〝心の文箱〟

●道友社編

天理教道友社

まえがき

「ご存命のおやさまに、お便りを差し上げることができたら……」

こんな素朴な思いが発端となり、『天理時報』紙上で「拝啓おやさま」が始まったのは、時代が昭和から平成に変わったばかりの一月初旬のことでした。以来、平成十二年の末まで、丸十二年間にわたり、読者投稿による連載は続きました。

この間に頂戴《ちょうだい》したおやさまへのお手紙は、千通を超えます。編集部に寄せられたお手紙は、係の者が教会本部の教祖殿へ持参し、おやさまの御前でご報告させていただくのが常でした。なかには、その日の出来事などを短く書いて〝手紙日参〟する方もいました。

どのお手紙を拝見しても、おやさまを心からお慕いする道の子ならではの思いが文面にあふれていました。また、自らの病気や家族の出直しといったつらい節目の中にも、おやさまの温かいまなざしを感じ取り、教えを頼りに節《ふし》を乗り越えようとする、ひたむきで実直な信仰が淡々と綴《つづ》られていて、ときに目頭が熱くなるのを禁じ得ませんでした。

この本は、時報に掲載されたおよそ六百通に上るお手紙の中から、五十五の話を取り上げてまとめたものです。美しい草花の挿絵《さしえ》は、連載中もカットを引き受けてくださった堤保敏《つつみやすとし》氏（知的障害者施設「堤塾」塾長、剣道場「以和貴《いわき》」道場長）に、新たに描いてもらいました。

「おやさま、おやさま……」と祈りつつ、いま足元にある喜びを見つめ、心を奮い立たせて人生の歩みを進める人々の信仰実話が、この〝文箱〟に詰まっています。どうぞ、心静かにお読みください。

平成十三年七月

編　者

拝啓おやさま　もくじ

❖祈りの文箱

❖ 勇みの文箱

装画・挿絵——堤 保敏

喜びの文箱

赤いカーネーション

都《みやこ》はま子　35歳・愛媛県大洲市

（平成2年6月10日号）

　ご存命のおやさま。昨年十二月、幼子二人とともに修養科を無事修了させていただきました。きっかけは、嫁姑《よめしゅうとめ》の問題でした。こちらへ戻って日がたつごとに、修養科中の心遣いが薄らいでしまうようで、自戒しているこのごろです。
　夫の母と母の叔母と同居の六人家族ですが、私の心遣いが至らないときは、まだ衝突することもあります。でも、きょうは「母の日」でした。先日もささいなことで口げんかをして、気まずい雰囲気でしたが、思い切って花屋さんで赤いカーネーションを買いました。思えば、赤いカーネーションを買うのは生まれて初めてなのです。

私の母は、私が小学校六年生の時、三人姉妹を残して自殺してしまいました。それ以来、赤いカーネーションを見るたびに、とても複雑な気持ちになるのです。買おうにも買うことのできない禁断の色と花でした。

そんな気持ちで思春期も青春時代も過ぎ、結婚した初めのうちは夫婦二人の別居生活。「母の日」には、姑の喜びそうな品物を選んでプレゼントしていました。そして、この日までお世話になっていると頭ではわかっていても、ありがたいという感謝の気持ちが薄い嫁でした。

でも、きょう、この赤いカーネーションをしみじみと見て、「私にも赤いカーネーションを贈る母がいる。姑ではなく母なのだ」と思うと、涙が後から後から流れて止まりません。私の心は、なんとすさんでいたのでしょうか。

ありがとうの気持ちを素直に言えなかった私。突っ張ることばかりしていた私。

なんでも自分でできると思い上がっていた私。修養科を了《お》えても、その心遣いはなかなか直りませんでした。これからも時々、そういう気持ちがひょっこり角《つの》を出すかもしれませんが、この赤いカーネーションを思い出して、ありがたいと感じる心を、素直になる心を大切にしていきたいと思います。

おやさま、またお便り差し上げます。

かしこ

トマトの実

岡本瑞枝《おかもとみずえ》　28歳・高知市

（平成2年2月18日号）

信者さんが一本のトマトの苗を持ってきてくださったのは春のころ、それが暖冬のせいか暮れ前に大きな実をつけました。これといって特別な肥料はやらなかったけれど、卵の殻や魚料理のあとの水をかけたり、そのたびに話しかけていました。

いつのまにか枝が太り、ぐんぐん伸びて黄色の花が咲き、そしていくつもの小さな実をつけた時のうれしさ！

いままで何度か植えながら、枯らしてしまった私は、やせた土地のせいばかりにしていました。でも、そうじゃなかったんですね。

私にものを育てる〝心のゆとり〟がなかったんですね。私の心こそ、やせて潤ってなかったように思います。

自分の思いを通そうとばかりして、毎日を不足不満の心で通っていたころに育てた長女は、笑うことがありませんでした。子どもに笑って話しかけるゆとりもやさしさもなく、ヒステリックに怒ってばかりいました。

そんなころに植えたトマトは、水さえやることもなく枯らしていました。でもいま、少しは落ち着いたのか、四番目の娘はよく笑い踊る陽気な子です。

なんだか自分の心が実になってくれたような、そんな思いがします。四人の子どもをお与えいただいていますが、その時々の心がそのまま、それぞれの子の性格として表れているようです。反省させられることばかりで、できることなら最初からやり直せたら……と思ったりしています。

親（根）に孝行していたら、子ども（実）で心配することはない、といつも聞かされていました。この一本のトマトも、それを教えてくれたような気がします。親に喜んでもらうには、まだまだの私ですが、おやさま、どうぞ気長にお連れ通りくださいね。南国土佐も雪の声をきくようになりました。このトマトが赤く熟れますよう、私もひと頑張り燃えてみます。

おやさま、よろしく！

三寒四温の
くりかえし
今日は
春ですね。

天理ラグビーのこころ

原田《はらだ》　敢《すすむ》
54歳・天理市

（平成2年6月17日号）

新入生が、やっと中学生らしくなってきたきょうこのごろです。

私が二代真柱《しんばしら》様から「ラグビーのこころを子どもたちに映してくれ」と励まされて三十年になりました。今年の正月は、私のラグビー生活三十周年を子どもたちが盛大に祝ってくれました。教え子が五人も活躍した天理高校ラグビー部の日本一。それに、私が率いさせていただいた天理中学ラグビー部の優勝。ほんとうにラグビーとともに歩んできてよかったと思いました。

私の前を通り過ぎていった子どもたちは、皆それぞれ「天理ラグビー」のこころを立派に身につけて巣立ってくれました。そして、確実に次の世代に伝えてくれています。さらにうれしいことに、今年は天理中学出身の社会人チームの主将が二人も誕生しました。二人は必ずや、おぢばで学んだ〝こころ〟を広めてくれることでしょう。

現在、天理中学の部員は四十二人。「先輩を追い越せ」を合言葉に頑張っています。彼らは、自分たちにできる心定めを何か一つさせていただこうと、大好きな炭酸飲料を絶対口にしないと約束し合っています。

また、毎週水曜日を「ひのきしんデー」と決めて、ちっちゃい一年生からでっかい三年生まで部員全員が、早朝からぞうきんを握ってくれています。大会の決勝戦を前に、神殿で参拝している部員に「何をお願いした?」と尋ねると、「相手チームにも故障者なく、楽しいゲームをさせてください、とお願いしました」と答え、「あすは優勝させてください」とお願いした私が恥ずかしい思いをしてしまいました。

おやさま、ご安心ください。「近ごろの子は……」といろいろ言われていますが、確実にたくましく育ってくれています。私もさらに、心を新たにして、太い〝わかぎ〟を育てることに精いっぱいの汗を流させていただきます。

「がんよ、ありがとう」

小松《こまつ》　孝《たかし》
64歳・山形県酒田市

（平成2年4月22日号）

おやさま、二度に及ぶがんのご守護に、厚くお礼申し上げます。

昭和六十年、胃がんの手術をする前日、若い担当医がわざわざ参りまして「今晩、なんでも好きな物を飲んで食べてもよろしい」と言いました。最後の宣告かと思うと、私のいのちを六十年間支えてくれた胃に一度もお礼をしていなかったことに気づきました。

手術で五分の四を切り取られましたが、麻酔が切れた直後から今日まで五年間、痛い思いをせずにお連れ通りいただきました。

昨年末の大腸検診で、今度はS字結腸にがんが確認されました。生かされて生きているからこそ、がんになることもできる。「がんよ、ありがとう」と思えました。また、先の胃がんのご守護に対するお礼と喜びが薄れたことへの警鐘《けいしょう》とも受け止め、今後はどんな中からでも喜びを探して通る努力をさせていただく心定めをすると、半月後の内視鏡検査ではついに確認できず、医者も首をかしげていました。

六十四年前の誕生、胃がんと大腸がんの二度のご守護——私は三度いのちを頂いたのです。昨年から、山形と東京の上級教会を月に二度往復してご用にお使いいただいております。おやさま、本当にありがとうございます。

胃がんより五年の命頂きて　また大腸がんの消えるうれしさ

長生きの姿を見て……

三好《みよし》ヨシ子　49歳・山口県下関市
（平成3年4月28日号）

おやさま、日々は結構にお連れ通りくださいましてありがとうございます。

先日、わが教会の月次祭に参拝しました折、いつも参拝を欠かしたことのないおばあちゃんの姿が見えません。どうされたのかな、と思っていたら、ひざが痛いとかでお休みされたそうです。上級の会長さんもすぐに気づかれ、心配しておられました。

おやさまも、毎月帰ってくる子どもたちの姿がそろえば安心されますよね。上級の会長さんも同じ気持ちなのでしょう。

教会からの帰り道、おばあちゃんの顔を見に家に立ち寄りました。大変喜んでくださいました。おさづけを取り次がせていただくのに年齢を聞きましたら、なんと九十八歳とのことです。九十歳を二つ三つ出ているとは思っていたのですが、あと二回誕生日を迎えれば百歳。びっくりしました。

いつも背筋をピンと伸ばし、畑仕事もやっておられるし、身支度も気持ちいいほどきちっとしておられます。おさづけを取り次がせていただきながら、言葉では言い表せない感動を覚えました。

おやさま、おばあちゃんが言われるには、「お道を信仰すれば、あの年まで結構に一生が送れるのかと、お道を知らない人々がおやさまを慕って教会に集まってくれればいいなあ」といつも願っているそうです。

私の信仰は長いばかりで、日々は喜べないことが多いのですが、おやさまのひながたの万分の一でも通らせていただけるように心がけたいと思っています。

おやさま、来月の月次祭には、おばあちゃんが元気で参拝され、私たちを勇ませてくださいますよう、よろしくお願い申し上げます。

かしこ

童歌
口遊みたくなる
朧月夜

見事に出直しできたなら

渡邊《わたなべ》鶴子《つるこ》　77歳・大阪市

（平成4年9月20日号）

おやさま、と仮名で書くと親しみが増し、身近におられるような気がします。最近、教会の朝づとめに日参させていただいておりますが、「おふでさき」拝読の時に〝七十七才〟などとお年が明記されてあると、「アレ、私と同じ年だ」と、おやさまを一層身近に感じます。

一昨年、母が九十六歳で出直《（死去）》してから、私は、おやさまと霊様《みたまさま》に朝食を差し上げることにしています。お茶、おみそ汁、ご飯、つくだ煮、漬物、たまにはお魚、お野菜の煮しめなど、小さな神棚《かみだな》に小さなお膳《ぜん》を並べるひと時は、とても楽しいものです。お供えをしながら、「きょうは何もなくてごめんなさい」「きょうはごちそうでしょう」と独り言をつぶやいたり……。お下がりは、私の昼食となります。

絵やお花を通じてのお客様も多いので、皆さんの心尽くしのお土産《みやげ》は、お茶菓子やおかずとなります。近ごろ、私はおやさまに養っていただいているような気がしてきました。一人暮らしでも寂しくないよう、不自由なきようにしてくださっているなあと思わずにはおれません。

母が出直して納骨を済ませたころから、Nさん（83歳）がお参りさせてほしいと来られるようになりました。毎朝九時、二人ですわりづとめと、てをどりまなびをつとめて、階下でお茶を飲みながら三十分ほど話してから帰られます。

私にとっては、亡き母といる気分です。Nさんも亡くなった妹といるようだと言ってくれます。おやさまが「お前、寂しいだろう」と連れてきてくださったようにも思えます。

私の元へ来られるまでのNさんは、ぜんそくがひどくて毎日病院に通っていたそうです。いまは「みかぐらうた」を歌うことで、この一年というもの、まったくぜんそくが出ないそうです。ポツポツと話される昔語りの中には、言うに言えぬ苦労もあったようですが、いまは孫娘さんと心配のない暮らしです。

先の心配一つないこの二人。見事な出直しをさせていただいたなら、周りの人たちの、さぞ良いお手本になれるものと思わせていただくきょうこのごろです。

継ぎはぎの靴下

高橋《たかはし》スミコ　62歳・香川県高松市

（平成2年9月2日号）

数日前のこと、「ばあちゃん、継ぎはぎの靴下はくよ。ボク、もうなんともないよ」。だしぬけに小学五年になる孫が言うので、「ほんとか。それはよかった。おやさまが喜んでくれるよ」と私。

野球が三度の食事より好きで、学校から帰るとボールとバットを持って出かける孫は、ひと時もじっとしないので靴下の弱いこと。上は新品でも底はボロボロ。だけど、捨てるのはもったいない。「菜の葉一枚でも、粗末にせぬように」と言われたおやさまに申し訳ないと、夜、テレビで野球観戦する孫の横で、せっせと靴下の底を繕《つくろ》って、もう何足もたまった。

娘は「ばあちゃん、やめて。父親がいないと、継ぎはぎの靴下をはかせるのかと、みんなにばかにされる」と言う。娘は事情があって離婚し、四国電力の寮母として住み込みで働き、孫は私たち夫婦が面倒をみている。

娘は、子どもに父親がいない分、人に負けない格好をさせたいらしいが、私は「徳を積め」と言って聞かせており、孫にも「人にどんなことを言われても、神様が喜ぶことだから、胸を張って継ぎはぎの靴下をはいたらいいのや。子どもの時にぜいたくするより、大人になって徳のある方がいいだろう」と言うと、わかったようなわからないような顔。

孫は勉強はあまりできないけれど、クラスでは人気者のよう。みんなにやさしくて、友達の苦しみのわかる子どもに育っているようで、学級委員も二回目。近所の人たちも褒《ほ》めてくれるので、内心では私もうれしいけど、これから難しい年ごろになるので、どのように育つのか心配です。でも、おやさまがきっと連れて通ってくださると信じています。

私たちには何も言わないけれど、父親恋しと悩む日もあるのでは。私たちも年だから、いつまで面倒みてやれるものか。靴下ぐらい新しいのをはかせたらいいのか、いやいやこれでいいのだと心を鬼にしています。

おやさま、どうかお見守りください。私もいのちある限り、おやさまの手足となって働かせていただきます。

節《ふし》と不思議の一年

匿名希望

（平成3年12月22日号）

今年は、私の信仰四年目の年。数々の節を見せていただきました。一月、実家の母が中風《ちゅうぶう》に、四月、夫の父が出直しました。六月、私の長男（22歳）が職場で右手の中指を切断。十月にはその長男が、十三歳年上の女性と色事のもつれで女性の夫に追いかけられ、追い詰められて自殺未遂……。

おやさま、どう申し上げて感謝の言葉を伝えればいいのかわからないほど、喜びが心の中を走り回ります。長男が自殺を図った時、冬ぶとんの上下、畳、そして床板と一面に広がる血の海で、「これでたすかるはずがない」と医者が口走ったほどの状態だったのが、会長様のおさづけと御供《ごく》で奇跡的にたすかったのです。

この長男が小さいころ、私は事情からいまの夫と一緒になりました。長男を親に預けっ放しにして、母らしいことを何一つしていない私です。うまくいくのがおかしいほどの母親でした。親子の話もできず、いつも一方通行。でも、子どもは子どもなりに頑張ってきたと思います。

いまも思い出します。自殺を図る前に長男の家に行った時、青い顔をしてうらめしそうに私を見ていた長男。その表情を見ると、涙が出て足がすくんで動けませんでした。

おやさま、いま長男は修養科に入らせていただいております。天理教をばかにして、親を嫌っていた長男です。でも、一夜の間に心を入れ替えてくれた姿を見て、親としてこれほどうれしいことはありません。どんなに説得してもわかってくれなかった長男が、いまでは私よりもおやさま大好き人間です。よく電話をくれます。体の中にどんどん教理が染み入ってくると……。

今年になって見せていただいた数々の節と不思議。おやさまを信じて一生懸命に通れば、いかなる大節も乗り越えさせていただける、迷うことのない道でした。これからも、おやさまだけを信じてついていきます。今回の大節で、私も目が覚めた思いです。心が弾んでいます。おやさま、本当にありがとうございます。

おやさま、最後に子どもへおわびをさせていただきます。

長い間、親になれず、いたわることさえできなかった母を許してくださいね。本当にごめんなさい。これからは心をそろえて、おやさまの道具衆として共に頑張らせていただきましょう。

藁《わら》にもすがる思いで

匿名希望

（平成2年9月9日号）

私が初めておやさまにお導きいただいたのは、いまから五年前のことです。大きな事情を頂き、暗やみの中で泣き叫んでいた時でした。人というものは、まじめに正しく生きてさえいれば、必ず幸福になれるものと信じていた私にとって、青天の霹靂《へきれき》というべき苛酷《かこく》な事情でした。

信じていた夫の裏切り、公務員でありながらギャンブルに狂い、サラ金地獄。幾度も幾度もだまされた私としては、離婚か自殺以外は何も考えられない毎日でした。

どん底を這《は》い、苦しみもがいていた私は、ご近所の熱心な信者さんのお手引きにより、素晴らしいお道のあることを知りました。初めて聞く親神様《おやがみさま》・おやさまのお話、藁にもすがる思いで教会へ布教所へと運ばせていただき、むさぼるように書物を読みますと、閉ざされていた心に温かいものが流れ始めました。

夫に対する心遣い、周囲の人への心遣い……。日々の自分の姿を省みる時、いかに自分勝手な心を使っていたかを痛いほどわからせていただきました。ある時、夫から「教会から帰った時のお前の顔はとても美しい。オレも教会へ行ってもいいかい」と言われ、夫もお道の話に耳を傾けてくれるようになりました。やがて大きな事情も、不思議なことに徐々に解決へと向かいました。

翌年には夫とともに別席を運び、おさづけの理を拝戴《はいたい》させていただきました。その後も次から次へと身上《みじょう》・事情を見せられましたが、そのつど親神様に心からおわびして、きょうまでお連れ通りいただきました。

経済的に苦しいなか借金をして嫁がせた長女が昨年、戻ってきました。かつての私なら嘆き悲しむところですが、不思議にも平静で迎えることができました。その長女も別席を運び始め、二女も修養科に入る心を定めてくれました。

わが家は本当にいんねんが深く、そして親の私がまちがっていたのです。いまでにまいた種は刈り取らねばなりません。家族が一つになって、いんねんを切り替える道をしっかり通らせていただきます。

どうかおやさま、こんな未熟な者ですが、長い目で見守っていてください。よろしくお願いします。

今日は
そよ風を
友に
贅沢な
転寝
です。

子を思う心

小山《こやま》キクヱ　61歳・兵庫県明石市
（平成3年3月10日号）

おやさま、このごろは、どこへ行ってもごちそうを頂き、なんでも手に入る本当に結構な世の中になりました。時折、これでいいのかしら、と思うこともあります。世の中の移り変わりはとても激しくて、物も古くなったら捨ててすぐに買い替えてしまう。人のいのちや心も、いつしか品物のように扱われるのでは、と気遣うのは私だけでしょうか。

テレビや新聞では毎日、湾岸戦争のニュースばかり。いままでもベトナム戦争やイラン・イラク戦争などがありましたが、こんなに身近に感じたことはありません。と言いますのも、私の息子も仕事で中東（リビア）へ行っております。会社の方は、心配ないと言ってくれますが、戦争が長引き、激しくなると心配です。

私がこんなにわが子のことを思うように、子どもを戦場に送り出されたアメリカやイラクの兵士の親たちは、どんな思いをしておられることでしょう。国は違ってもみんな人の子です。きょうだいです。私には、もろもろの難しいことはよくわかりませんが、おやさま、どうか一日も早く平和が訪れますように、そして、親神様《おやがみさま》がお与えくださったありがたい資源を子孫に残して、みんなで仲良く分け合える時代が来ますように、何とぞよろしくお願い申し上げます。

雑草のように

K・H　19歳・香川県丸亀市

（平成9年3月30日号）

早春のある日、祖母に連れられておぢばに帰った私は、日ごろから無理なお願いばかりしてきたことへのおわびと、数々のご守護を頂いているお礼を申し上げました。

その日は、夕づとめにはまだ間のある静かな夕方でした。神殿も回廊もひっそりとしていて、教祖殿でも祖母と私のほかには人影もなく、二人でゆっくりとおやさまの御前《みまえ》にぬかずきました。すると、おやさまが「よう来たなあ」とおっしゃったような、なんとも言えない温《ぬく》もりを感じ、ありがたくて涙が出ました。

私は、この日までの苦しい道のりを思い浮かべていました。のんびり屋でお人よしの私は、小学校から高校までいじめられ通しで、また、いじめられる友達をかばっては、またいじめに遭い、何度泣いて家に帰ったかしれません。でも、苦労している両親には心配をかけたくない一心で、何も言わずに祖母の元へ泣きに行きました。祖母は「親神様《おやがみさま》は目に見えないが、いつも見ていてくださるから、決して横道にそれてはいけない。どんなことがあっても、おやさまは良いようにしてくださるから」と言って、なぐさめてくれました。

いじめられながらも、なんとか学校を卒業し、就職しました。その後もいくつもの節《ふし》や事情に遭い、やけになってくじけそうになった時、祖母はいつもご苦労くだされたおやさまのお話を聞かせてくれました。

祖母と二人で回廊を歩いていると、祖母は「人生はこの回廊のように上り下りがあって、苦労はこれからもあるだろうが、親神様はいつも見守っていてくださる。いじめた人を憎んではいけないよ」と話しました。寒い冬に耐え、春を待ってようやく芽を吹く雑草のように、踏まれても踏まれても芽を出す力強さのもとは、親神様に守られているという安心感があるからだと知りました。

祖母は、きょうも元気でありがたいと、地域の活動に老いの身ながら勇んで、ひのきしんに行っています。私も一日も早く、祖母のようになりたいと思っています。

おやさま、これからも少しずつ成人していきます。

鮹を
肴に
一杯
やらせて
もらいます。

心から笑える日

浜口民子《はまぐちたみこ》　75歳・香川県丸亀市
（平成3年9月22日号）

私は北海道の旭川《あさひかわ》生まれです。兄五歳、姉三歳、私が一歳の時、両親は離婚しました。母は私たちを雪の中に捨てて、ほかの人の元へ嫁ぎました。幼い私たちはバラバラになり、姉は養女に、私は里子に出されて四国まで来ました。「どさん子の親なし子ヤーイ」と悪童たちにもいじめられました。テレビドラマの『おしん』よりもつらい道中でしたが、悲しむにつけ、母がなぜ私たち兄弟を捨てたのか、母への「にくみ」「うらみ」は深まるばかりでした。

二十二歳でお道に引き寄せられましたが、身上《みじょう》・事情の連続で、笑った記憶はほとんどありません。でも、数々のご守護を頂きました。

夫を見送り、一人になって、幼いころ別れた顔も知らぬ実の姉に会いに行こうとしましたが、会長様は「それより先に修養科へ」と勧められました。でも、「いずれそのうちに……」とお断りをして、姉に会う話を進めていました。

ところが、左足に大けがをし、右足にやけどを負った時、「あーっ、おやさまは足止めをしてくださっている」と悟ったのです。私は早速、修養科六〇一期に入りました。担任の先生は「親をにくみ、うらんではいけない。丈夫な体に産んでくれたお母さんに感謝しなさい」とお諭《さと》しをしてくださいました。

そのころ、多くの先生方や友達のお力添えで、母が嫁に行って生まれた子どもの所在がわかりました。その義弟が、「私に会いたい」とすぐに北海道から修養科中の私に会いに来てくれたのです。おやさまが私の北海道旅行を足止めされ、そして、おぢばで同じ母を持つ義弟に会わせてくださるとは、なんと不思議なことでしょう。

義弟は温厚そうな人で、「いいお母さんだったよ」と言われました。そして驚いたことに、母は天理教の教会にお参りしていてくれていたとのことでした。きっと、私たち兄弟のことを、おやさまにお願いしてくれていたのでしょう。なのに私は、この年になっても母のことを憎み、恨んでいたのです。「いろいろなことがあったんですよ」と、義弟はつぶやきました。

でも、もういいのです。私のふるさとは、おぢば。そして「お母さん」とは一度も呼べなかったけど、私にとって、母の肌のぬくみ、ひざの上の安らぎは、もったいなくもおやさまなのです。いまも身上・事情で、おやさまにはご心配をおかけしています。でも、少しでも、おやさまにお喜びいただけるようにしなくては。私が心から笑える日も近いと思います。

七十五年ぶりの〝里帰り〟

浜口民子《はまぐちたみこ》
75歳・香川県丸亀市
（平成3年11月10日号）

夢かうつつか。ほおをつねってみたくなるような不思議な出来事でした。

九月二十二日号のこの欄で、私のつたない文章を取り上げていただきました。その直前の十八日、ブラジルから従弟《いとこ》が四度目のおぢば帰りをしました。従弟が言うには、「北海道へ連れてってあげよう」と。突然の申し出でした。

そして二十四日、私はとうとう〝里帰り〟をしたのです。一歳の時に北海道から徳島へ里子に出されて以来、七十五年ぶりです。幼いころ生き別れになり、顔も知らない札幌の実の姉との再会は感激でした。お体は不自由でも明るくおおらかで、九十歳の夫の世話をいそいそとなさっておりました。お幸せなご一家でよかったと、しみじみ思いました。

また、旭川市の商店街では「天理王命《てんりおうのみこと》」ののぼりを持って、路傍講演をされている人に出会いました。おやさまが、私を迎えてくださったような気がしました。大勢の人が話を聞いておられました。私は涙があふれてきました。私の行く先々には身上《みじょう》・事情の方がおられて、にをいがけ・おたすけもさせていただきました。

小樽《おたる》市でのことです。人づてで、一夜の宿をある教会にお願いしました。お道なればこそ、見ず知らずの年寄りを手厚くもてなしてくださいました。そこでわかった不思議——その昔、私の母が朝に夕に参拝させていただいた教会だったのです。私と母は、別れ別れになったあと、徳島と北海道で別々に入信したのです。この教会に泊まったのも、きっと、母の霊様《みたまさま》のお導きと強く感じました。

不思議にも、その日はわが家の講社祭の日でした。「お母さん、いままで心得違

いをしてごめんなさい」と、私は心からおわびしました。それまでくすぶってい
た、いろいろな悩みも晴れました。産みの親、育ての親、私を導いてくださった
信仰の親……。この年寄りの小さな体が、数え切れないほどの人々のお心に支え
られていることがわかり、私は幸せ者です。

おやさまのお引き寄せのおかげです。本当にありがとうございました。

私のご恩返し

前川《まえかわ》きよ子　45歳・埼玉県三郷市
（平成2年2月25日号）

若いころ、母が天理教の信者であることを、とても恥ずかしく思っていました。母は早くに夫に先立たれ、五人の子どもを抱えた人生の苦労は計り知れません。しかし、何もわからない私は、いつも母に反抗的でした。どんな時でも母は私をしからずに、すべては自分のおわびだと言っていました。

そんな母が、私の結婚一年後に出直し、私は次々と身上《みじょう》・事情を見せられ、自分の親不孝をつくづく反省しました。「親孝行したい時には親はなし」の言葉通り、亡くしてから後悔しても、どうにもなりません。

おやさまがお姿をかくされることで、当時の先生方が成人の歩みを一層進められたように、私も母の出直しによって多くのことを学びました。もし、母が健在でしたら、私はいまでもわがままを言っていたかもしれません。母の出直しは、私たち兄弟にもっと成人してほしいという親神様《おやがみさま》の思召《おぼしめし》だと思っています。

私の所属する教会では、毎月の神殿講話の前に、『稿本天理教教祖伝』を一人ずつ順番に拝読させていただいております。私は時折、胸がいっぱいになって声が出なくなる時があります。おやさまや先輩先生方のご苦労を思うと、いまの私たちはもったいないほど恵まれています。

私は、この道の信仰を伝えてくれた母に感謝しています。そして、いままで導いてくださった会長さん、奥さんに心からお礼を申し上げます。また、だれよりも、いつもやさしく見守ってくださるおやさま、ありがとうございます。

このすばらしい信仰を、友達や子どもに伝えていくことが、私のご恩返しだと思っています。

成人の遅い私ですが、おやさま、これからもずっと見守ってください。

この生命力は
大地から
頂いたもの

もったいないくらい幸せ

安藤治子《あんどうはるこ》
77歳・栃木県河内郡
（平成5年8月22日号）

日ごろは、わが家の家族みんなを、無事にお連れ通りいただきまして、ありがとうございます。

いまのところ、私が身上《みじょう》を頂いており、栃木県立がんセンターに入院して一カ月になります。五年前に乳がんの手術を受け、それから三年半後に肺に転移し、左の肺も取ってしまいました。肺に水がたまったので、肺に管を入れて水を抜き取りましたが、まだ思うように動けません。

でも、いまの私の心の中は、幸せな気持ちでいっぱいです。もったいないくらいです。健康な人たちから見たら、なんて不幸な人だろうと思われるでしょうけど、私は違います。自分でも不思議なくらいです。良い病院にお世話になることができて、良い先生に恵まれ、心の温かい看護婦さんに囲まれて、何より二人の息子たちはお父さんを助け、家のことや学校のことを精いっぱいやってくれています。

私が身上を頂いたことは残念なことだし、夫に対しても、息子たちに対しても、もっともっと、まだまだしてあげたいことは数え切れないほどあるし、夫も息子たちも、もっともっと元気で健康的な母親を望んだことでしょう。でも何より、私が常に心の中に幸せを感じることができるのは、祖母からの信仰のおかげだと思います。

春になるまでには、おぢばでひのきしんができるくらいまで元気にならせていただいて、がんセンターで入院している一人でも多くの人々に、喜びを感じてもらえるよう、にをいをかけたいと思います。

滝下和恵

◇　◇

娘、和恵は、このような気持ちのまま、平成五年一月三十日、出直しました。和恵が生まれた時、えな（＝胎児を包んだ膜と胎盤）が首に巻かれて、仮死状態でした。三十七年間、お連れ通りいただきましたことを、おやさまにお礼申し上げます。

「拝啓おやさま」にあてて、出直す一カ月くらい前に私に渡したものです。

もう二度と放しません

柴田清子《しばたせいこ》　54歳・秋田県由利郡

（平成7年12月3日号）

おやさま、おやさまは見抜き見通しでいらっしゃるのでしょう？　きょうの日も、ちゃんとわかっていらっしゃったのでしょう？　きょうは、おやさまの胸の中で思いっきり泣いて、すねて、甘えてみたい気分なのです。

十七年前のあの日、夫は幼子三人と私を残して、本当に一夜の間に、風邪《かぜ》をこじらせた急性気管支肺炎で、なんにも言わずに出直してしまいました。

当時、私たち親子五人は、千葉県習志野《ならしの》市の近くに住んでいました。夫の仕事がうまくいかなかったので、私は内緒で子どもを連れて近くの教会へ参拝に行っておりました。

親元から遠く離れて心細かった私に、教会の若奥さんはとても親身になってくださいました。二男、三男のお産の時などは、食事の世話、オムツの洗濯、上の子の幼稚園のお弁当等々、実の姉妹のように親切にしていただきました。

夫が亡くなった時には、その教会の会長であるおばあちゃんが「ご主人をたすけることができなかった。申し訳なかった。許してください」と手をついて頭を下げられました。私は「そうではない、だれのせいでもない」と思いながら、ぼう然として何も言えず、ただ首を横に振るだけでした。

私は教会長の娘として生まれながら、天理教が嫌いで、母のように苦労するのはイヤだと、父母の悲しそうな顔を後に上京し、未信者の夫と一緒になったのです。でも苦しくなると、やっぱり教会へと足が向いてしまうんですね。「夫を亡くして、もう私の人生も一巻の終わり。そうだ、母のいる秋田の教会に帰ろう。父も亡くなり、会長を継いだ年老いた母が一人、頑張っている。母の元へ帰って、いままでの分まで親孝行しよう」と、三歳と五歳と十一歳の男の子を連れて、今度は住み込み人として、実家である教会へ戻ったのでした。

歳月は流れ、三歳だった三男は去年、天理大学体育学部に合格。二男は今年、地元の大学を卒業し、現在は修養科生。長男も大学四年の時に修養科と教会長資格検定講習会を了《お》え、銀行マンとして五年目になりました。そして、今年の教会本部秋季大祭の日、いまおぢばにいる二男と三男が、二十年ぶりに、あの時お世話になった会長さんご夫妻（当時は後継者ご夫妻）とお会いすることができたのです。

私は教会の留守番でおぢば帰りできなかったのですが、電話で会長さんとお話ししました。受話器の向こうで、「本当に長いこと、ご苦労さま。いい子に育っているね。この旬《しゅん》に、おやさまがおぢばで会わせてくれたんだね」と言ってくださった時、どっと涙がわいてきて、喜びで体が震えました。

おやさまは、大きく遠回りをする私たちを、もうダメだという極限状態でも何度もおたすけくださり、正しい道を歩むよう、たっぷりと時間をかけてお導きくださいました。だからいま、こうして素直に喜べるのでしょうね。もしも違う道に迷い込んでいたら、この喜びは味わえなかったでしょう。もう、この道しかありません。おやさまが、私のことを嫌いとおっしゃっても、もう絶対に放しませんからね、スッポンのように。

ふと浮かんだ情景

木村幸夫《きむらゆきお》
59歳・福岡県豊前市

（平成11年7月25日号）

平成五年八月、私は喉頭《こうとう》がんと診断されました。以来、死をも覚悟した入院・療養生活が始まりました。

不安で夜も眠れずにいた時、私の脳裏に浮かんだのは、昔、義父に連れられて私と妻が初めておぢばに参拝した昭和四十一年の情景でした。大きな神殿が印象的で、何かしら心の安らぎを覚えたものです。

妻はその後、年に何度かおぢば帰りを続けていましたが、私は忙しさにかまけて、週末にしか家に帰らないような日々を送っていました。そんな私が、大病院のベッドで三十年前のおぢばのことを思い出したのは、実に不思議です。

心のよりどころを求めて、おぢば帰りをする心を決めました。病院の方には、奈良の天理教本部にお参りしたいと言い、コバルト治療を延期してもらいました。

念願の親里に着いて、ぢば・かんろだいの前に座り、慣れない手振りでおつとめをしていると、なぜか涙がとめどなく流れて仕方ありませんでした。それまでの五十四年の人生を振り返ると、自分勝手で他人のことなど顧みることもせず、好き勝手に生きてきた私でした。

一方、家族に恵まれ、仕事も順調で、苦労なく人生を送っていたためか、天狗《てんぐ》になっていた自分にも気づきました。深く反省し、親神様《おやがみさま》・おやさまにおわびして天理から戻ると、素直な気持ちで治療を受けることができ、十一月には一応、退院することができました。

新年を家族団らんで迎えることができ、喜んでいた矢先、定期検診でがんの再発が判明。二月二十三日に喉頭摘出手術を受け、声を失いました。入院中は会長さんと前会長の奥さんが遠い所を何度もおさづけの取り次ぎに足を運んでくださり、声を掛けていただきました。声を失った苦しみこそありましたが、夫婦して立ち直ることができました。

退院後はリハビリなどに励んだかいあって、平成八年一月から社会復帰でき、また、おさづけの理を拝戴《はいたい》することができました。声の方も少し不自由はありますが、訓練によって会話もできるようになり、今年九月の満六十歳の誕生日で定年退職をすることができそうです。

これからの人生は夫婦仲良く、朝夕のおつとめはもちろん、生かされている喜びの証《あかし》として、できる限りのご用に努めてまいりたいと思います。

おやさま、本当にありがとうございました。

この花が
今日から
庭の
主役です。

小さな一歩、大きな喜び

板山美奈子《いたやまみなこ》　30歳・横浜市

（平成10年1月1日号）

子どもを産むのは無理かもしれない。それを承知で夫は結婚してくれました。医者が「奇跡だ」と言った妊娠。「胎児は育たないかもしれない」とも言われましたが、なんとか出産。予定日より三カ月も早く生まれた長男は、自発呼吸ができない未熟児でした。

強い生命力で頑張って成長してきましたが、発達がとても遅れていました。「脳性まひ」の診断を受けた時は、目の前が真っ暗になり、どうしていいかわからず泣き暮らしていました。発作的に〝死〟を考えてしまうこともたびたびでした。

夫の転勤で引っ越した場所で、脳障害児の訓練法に出合いました。その訓練は私一人でできるものではなく、たくさんの人の助けが必要でした。いま、五十人近い方々が長男のためにボランティアとして手伝ってくれています。何もない時にはわからなかった〝人のやさしさ〟が身に染みています。長男もゆっくりですが、着実に成長しています。

ものの見方や考え方が変わりました。長男の障害によって、いままで見えなかったことに目が行くようになりました。

「神様は私のことが嫌いなのかもしれない」と考えてしまうこともありますが、行き詰まった時は、不思議と道が開けることに気がつきました。見方を変えれば、長男を授けてもらい、そのいのちをたすけてもらい、人のやさしさを教えてもらいました。やっと心が落ち着き、長男の障害と向き合えるようになりました。

今年はプラス思考で心を勇ませ、「小さな一歩、大きな喜び」で頑張りたいと思います。どうしていいか、わからなくなった時、天理教の教えは私をたすけてくれます。信仰に導かれて、本当に良かったと思います。夫も別席を運び始めました。

天からのメッセージ

板山美奈子《いたやまみなこ》　32歳・横浜市

（平成11年8月1日号）

脳性まひの息子「航也《こうや》」も四歳になりました。相変わらずズリズリと這《は》っていますが、三歳になったころから言葉が出始め、いまはたくさんお話ししてくれるようになりました。

「航也が歩けるように」と毎日毎日お祈りしていましたが、変わってきたのは航也の障害ではなく、私の心の方でした。

必要な時に必要な情報を教えてくれる人が現れます。また自分が「こうしたい」と思っても、思うように事が進まないことがあります。

一方で、自分の意思とは無関係に、物事がどんどんある方向へと進んでしまうこともあります。その流れに自然に任せていると、後になって「やめて良かった」「やって良かった」とつくづく思えるのです。

そのように人から教えてもらう事々が、親神様《おやがみさま》・おやさまからの〃天の声〃だと思えるようになりました。おやさまと直接にお話しすることはできなくても、周りの人の話に真剣に耳を傾けていると、その中におやさまからのメッセージを見つけることができるのではないか、と思うようになりました。おやさまは、人の口を通して導いてくださっていると感じるようになりました。

来春から、航也を普通の幼稚園に通わせたいと思っているのですが、肢体不自由児を受け入れてくれる所はごくわずかです。見つかれば「入った方がいい」というメッセージで、見つからなければ「やめた方がいい」ということだと思っています。

何事もそうとらえるようになると、落ち込んだり悩んだりすることも少なくなり、気持ちが楽になりました。私が障害児を産んだことも、きっと意味のあることだと思います。

いつごろからか「正しい道にお導きください」とお祈りするようになっていました。おやさま、これからも未熟な母を見守ってください。

痛みもご守護と

一戸《いちのへ》　功《いさお》
64歳・埼玉県蓮田市
（平成8年1月28日号）

お寒うございます。大和《やまと》盆地のおぢばも、さぞ厳しい寒さでしょう。

病弱な私にとって、暑さ寒さは難儀の種でしたが、この冬は違います。暑さ寒さもありがたいご守護、寒さを感じる体をお与えいただいていることがうれしくて、もったいなくて……。

おやさまにおすがりすることを教えられてから、毎日がうそのように心穏やかに送らせてもらっております。ありがとうございます。

三年以上も前から足、肩、腕、腰の痛みに眠ることすらままならぬ日が続いておりました。医師が処方してくれる痛み止めも十分に効かず、体中を熱湯が流れていくような苦しさが走り、自暴自棄《じぼうじき》になっておりました。

私のうわさを聞いてか、いくつかの宗教の方が声を掛けてきましたが、ばかにされていると思い、悔しくてイライラした日を送っていました。そんな中、天理教の教会に通いだしたのは、お道の話を信じたからではなく、以前に話を聞いたことがあったという記憶と、俗に言う〝最後の頼みの綱〟という理由だけでした。

毎月二回、教会のにをいがけに参加して『天理時報特別号』を配っても、別席を運んでも、少しも治まらない痛みに夜も眠れず、信じていないはずの神様を恨んでみたり、ただただ情けない思いをかみしめておりました。

昨年十月、残りの別席を運んでおさづけを戴《いただ》くために、おぢばへ出発しました。その日は朝から痛みが強く、病院で注射を打ってもらっても効果なく、会長さんにおさづけを取り次いでいただきましたが、いつものように不足心だけが大きくなっていくのでした。

車に乗って三時間ほど過ぎたころでしょうか。うずくまっていた私の体の痛みが軽いのです。詰所に泊まったその夜、本当に久しぶりに、ぐっすりと眠ることができました。うそのように痛みが消えた翌日、心も体も晴れやかに、おさづけの理を拝戴《はいたい》することができたのです。

私にとっては、まさに奇跡でした。こんなに近道でおやさまに巡り合わせていただき、ただただ「ありがとうございます」の言葉しか浮かんできません。

痛みを感じるのもご守護であることに気づけなかった私の目隠しを、少しずらしてくださったのですね。おやさまを素直に信じることができ、涙がこぼれてきました。この涙を忘れないように、時々は痛みを与えてください。

おやさまにやさしくお導きいただけた幸運を喜んでおります。ありがとうございました。

祈りの文箱

いつかお嫁さんにも

勝山享子《かつやまきょうこ》　53歳・茨城県那珂郡
（平成5年10月10日号）

幸せは朝のコーヒーの香りの中に、まな板をたたく包丁《ほうちょう》の音に――おやさまから頂いている火水風の恵みのおかげで、私の一日がきょうも始まります。

目覚めと同時に「おやさま」と呼んでみます。おやさまのやさしい笑みが返ってくるようです。

「きょうも生かされている！」

喜びで涙があふれそうです。

洗面を済ませると、すぐに、おやさまにお供えしたお下がりのお水を頂きます。

おやさまがお口にされた水ですから、私はこの三十年というもの、風邪《かぜ》ひとつひいたことはありません。

この六月、わが家に長男のお嫁さんを迎えました。お嫁さんのお母さまは四年前に亡くなられたそうです。私ども夫婦には、娘は授かりませんでしたが、いま確かに、おやさまから〝実の娘〟をお与えいただけたのだと、感謝の気持ちでいっぱいでございます。

地位も名誉も財産も、私たち家族にはありません。でも、家族みんなが明るく、健康な体を親神様《おやがみさま》からお借りして、一日を無事に終えた時の喜びは、何ものにも替えがたい宝だと思っております。

おやさま、いつまでもいつまでも私どもをお連れ通りくださいますように。そして、心が貧しくなった時には、どうぞおしかりを頂けますように。

いつの日かきっと、お嫁さんにも、生かされていることのありがたさを、母から教えられた無形の徳積みをわかってもらえるよう、今度は私が伝えていきたいと思います。

今朝《けさ》も家族を勤めに送り出した後、私もおやさまに「行ってまいりまーす」とあいさつをして、お年寄りの待っている職場へと急ぎます。

阪神大震災の地から

友永徹博《ともながてつひろ》　50歳・神戸市東灘区

（平成7年1月29日号）

一月十七日、まだ夜の明けきらぬ寒い午前六時前、ドーンと大きな音がして、部屋の中はガタガタ揺れ、目の前は真っ暗。

隣近所の人々がドアをたたき、

「早く出て来い」

と叫ぶが、冷蔵庫は倒れ、レンジも落ちて、戸は開かず、玄関までもたどり着けない。万事休す――。

妻が「ベランダへ……」と言うので、慌《あわ》ててベランダ伝いに隣の家の中を通り抜けて、脱出成功。よくも隣のベランダの窓に、鍵がかかっていなかったことだ。

団地の駐車場に、震えながら人々が集まり、不安な顔で十一階建ての住宅をぼう然と眺める。

しかし、午前六時すぎの外気は凍えるほど寒い。小さな赤子を抱いた母親、素足でパジャマ姿の人々……。皆、震えている。

なぜか私の手には、車のキーとサイフがあり、我に返って車のエンジンをかけ、ヒーターを入れて、皆で交代しながら暖をとってもらう。

午前十時ごろに、恐る恐る六階のわが家へ戻るも、部屋の中は無残。

よく見ると、私たち夫婦の枕元《まくらもと》の横に文鎮《ぶんちん》が落ちており、机の上にはとがったガラスの破片。布団の上にはタンスがごろり。子どもの部屋をのぞくと、布団の上に、右側から二百五十キロもあるピアノが、左側からタンスがのしかかっており、思わず身震いする。

親子三人は無事でした。

教祖《おやさま》百十年祭に向かって、しっかりと成人させていただきますことを、お約束申し上げます。

敬具

立教百五十八年一月二十日

ありし日の会長さんを偲《しの》び

建部慶子《たてべけいこ》 49歳・名古屋市

（平成7年2月26日）

おやさま、おやさま、おやさま。この世の中に、このようなことが起こるなんて、私には想像もできませんでした。

一月十七日、阪神大震災。神戸にお住まいの会長さんは、二階の天井のはりが落ち、あっという間に出直されたそうです。ついこの前の、一月八日の教会の大祭に参拝させていただいた日、家に帰ろうとする私に、「気をつけて帰りや」と二度三度繰り返し、私の姿が見えなくなるまで手を振ってくださった会長さん。二十日には、おぢばで会う約束でしたのに……。あのお姿が、この世での見納めになるとは、神ならぬだれが想像できたでしょう。

夫と二人、詰所で、教会のお目標様《めどう》と会長さんの亡きがらを迎えた十九日夜中の三時。なんともむごい、悲しい悲しい出来事でした。

女一人、七十七歳で一人、たった一人で逝《い》ってしまわれました。あまりにも、おかわいそうです。しかし、いつまでも泣いてはいられません。教会につながる信者全員が、親から子へ、子から孫へと、心倒すことなく、この節《ふし》から芽を出すよう、今後も勇んで、おやさまのひながたの道を一歩一歩通らせていただく決心でございます。

二月十一日

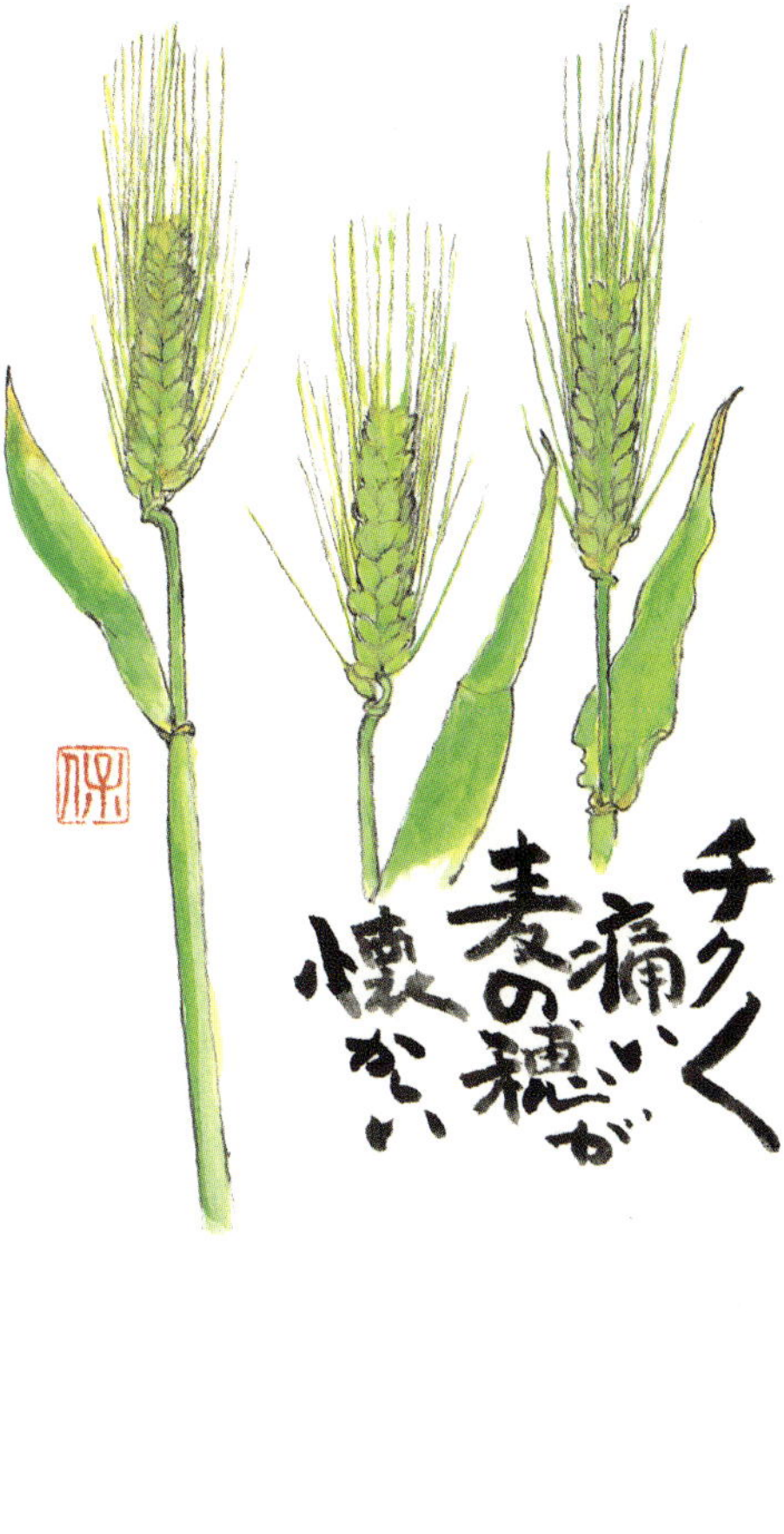
チク〱
痛いが
麦の穂
懐かしい

被災した一教会長として

中井《なかい》公一《こういち》　70歳・神戸市長田区

（平成7年3月19日）

神戸市長田区にある被災教会の一教会長として、お礼の言葉と今後の決意を申し述べさせていただきたいと思います。

このたびの阪神大震災は青天の霹靂《へきれき》、景勝の地・神戸に安住していた市民、特に被害が甚大だった長田区の私たちにとって、驚天動地の出来事でありました。

震災によって寺院も神社もキリスト教会も天理教の教会も、また一般のビル、マンション等、古い建築物は軒並み、徹底的に破壊されました。また、多数の市民の尊いいのちが奪われました。天理教の教会長として、わが身わが教会がたすかった、ご守護頂いたなどと喜んでおれない厳粛《げんしゅく》な気持ちになっております。

いま一度、月日・親神様《おやがみさま》の「ざんねん・りっぷく」とは何なのかと、その思召《おぼしめし》を自分の足元から見つめ直し、深くかみしめているきょうこのごろであります。

ガス、電気、水道が途絶え、火水風のご守護を受けられない生活が一カ月ほど続きました。火炎の煤《すす》と粉塵《ふんじん》で空は真っ黒になり、現在でもマスク無しでは街を歩けません。ビルを壊す際のセメントのダストで、のどと目がすぐにやられます。

被災した者のほとんどは神経が異常に高ぶり、私もその一人でありました。教内の皆さま方の温かいお見舞い、励ましのお言葉を頂いて、最近やっと平静な心に戻った感じであります。

当教会も神殿が古く、全壊しましたが、将来の神殿普請にご遷座させていただくためにと、一昨年の創立百周年記念に普請した教職舎が無傷で残りました。現在、仮神殿として使わせていただいております。

被災した長田区内には部内教会が二カ所ありますが、当教会を含め早急の復興は望めないと思われますので、被災教会長は皆、単独布教師に生まれ変わった思いで、神殿跡地にプレハブ小屋を建て、〝布教の家〟として再出発させていただく決心をしております。

私事になりますが、私は数年来、糖尿、高血圧の治療に留意いたしておりましたが、一月二十八日、天理教災害救援ひのきしん隊がパワーショベル等の機材を持ち込まれ、撤去作業をお始めくださると同時に、心身の疲労が極限に達し、右脳内出血を起こし、救急車で脳外科病院に入院。緊急治療を受けることになりましたが、半身不随になるところを翌晩、おたすけ名人のF先生が駆けつけてくださり、一回のおさづけの取り次ぎによって、左手足のしびれ、マヒがなくなり、おさづけの理の尊さとありがたさに感涙いたしました。

最後に、教内の皆さま方の心温まるご支援に対し、厚く厚くお礼申し上げさせていただきます。とともに今後、教祖《おやさま》百十年祭を目指し、まことに微力な教会長ではありますが、一単独布教師として再出発させていただくことを、おやさまにお誓いし、勇んで陽気に日々を通らせていただいていることをご報告申し上げます。

三月二日

尊い賜《たまわ》り物

大草《おおくさ》 貢《みつぐ》　72歳・茨城県結城市

（平成12年8月13日号）

夏になると、詰所で「こどもおぢばがえり」の受け入れひのきしんに汗を流していたのですが、今年は病み上がりとあって、自宅で静養の日々です。

おやさま、昨年十一月に直腸がんの摘出手術を受けて以来、順調に回復しております。当初は痛みも残りましたが、いまでは人工肛門の装具の取り扱いにも慣れてきました。

昨年九月、出血があるので市の集団検診を受けたところ「胃がんと大腸がんの精密検査を要する」との判定が出ました。自分では出血の原因は痔《じ》によるものと思っていたのですが、総合病院で検査をしてもらいました。

結果は思いもよらぬ直腸がん。しかも、がんは出口近くにできており、切除した後は人工肛門になると知らされ、まさに青天の霹靂《へきれき》でした。

がんという病はそれまで人ごとであり、ましてこの身に人工肛門を着けるなど想像したこともありませんでした。もし、お道の話を聞いていなかったならば、マイナス思考に陥り、「なぜ自分が……」と途方に暮れていたかもしれません。

所属する東京の大美町《おおみまち》分教会の会長さんに連絡をすると、早速、駆けつけてくれました。「ご恩報じと一手一つの心で、つとめとさづけを」とお諭《さと》しいただき、手術が軽く済むようにと、お願いづとめを勤め、おさづけを取り次いでくださいました。

妻と子と孫、そして数多くの教友の祈りを頂き、十一月十八日、無事に手術は済みました。

この体は親神様《おやがみさま》からの「かりもの」であるのに、ついついわがもののように使っていたことを深く反省し、おわびを申し上げました。そして、この年になって新しい肛門を頂いたことは、親神様・おやさまの親心とご慈愛によるものであり、尊い賜り物と感謝いたしました。

最近になって、東京の所属教会の月次祭に参拝できるようになり、ようぼくとして新しく生まれ変わった思いを親神様・おやさまに申し上げました。

このまま順調に回復すれば、来年の「こどもおぢばがえり」の時には、詰所でひのきしんをさせていただけるのではと楽しみにしています。

旬がくれば
旬の
花が咲きます。

おやさまからの宿題

矢倉亜紀《やぐらあき》 24歳・神戸市

（平成10年11月22日号）

私が天理教を知ったのは、小学五年生のころでした。当時、腎盂腎炎《じんうじんえん》の疑いがあって、検査入院をしていました。尿に血が混じり、高熱が何日も続き、十一歳の私にとって不安なことばかりでした。

医師は「一年間は休学するように」と言いましたが、私は「そんなに長い間休んだら、進級できないのでは」「仲の良い友達と離れてしまうのでは」と、すごく落ち込みました。

ところが、母方は祖母の代からお道の信仰をしていた関係で、現在所属する神《かみ》芦生《あしう》分教会の会長さんと奥さんが何度も足を運んで、おさづけを取り次いでくださいました。すると、その後に信じられないような出来事が次々と起こったのです。

それまでの私は、毎日ご飯さえのどを通らず、水分も少ししか飲めないような状態でした。にもかかわらず、おさづけの取り次ぎを受けてからほどなくして、「入麺《にゅうめん》が食べたい」と言い出したのです。自分でもなぜ、そんな言葉を口にしたのかわかりません。実際食べてみると、不思議にのどを通るのです。

こんな奇跡が起こるなんて、とても信じられませんでした。でも、これだけではないのです。なんと、おさづけを取り次いでもらった日から、わずか三週間で退院できたのです。信じられないような出来事でしたが、いまの私は、おやさまがたすけてくださったのだと信じられます。

不思議なご守護へのお礼の意味も込めて、おやさまのおそばで勉強させてもらおうと、今年一月から修養科に入りました。おぢばでは、人の心に沿うことの大切さを学ばせていただきました。人を鏡として、自分が積んできたほこりを見せていただいたような気がします。これからは人に対してどのように接していけばいいのか、これが私に課せられた、おやさまからの宿題だと思います。

人のために心を使う――なかなかできることではありませんが、自分なりに努力をして、三カ月間学んだことを無駄にしないよう、しっかり頑張ります。

会長さんと奥さん、修養科中にお世話になった皆さん、大変ありがとうございました。そして、おやさま、心からお礼申し上げます。

古い小さな教会で

井置真佐子《いおきまさこ》　28歳・香川県高松市

（平成2年7月8日号）

転勤族の夫に嫁いで四国へ渡り、はや四年の歳月が流れました。やさしい夫と一男一女に恵まれて、幸せに過ごさせていただいています。おやさま、私は最近本当に心から勇んでいるのです。

昨年秋のことでした。だれも住んでいないような古い家の軒下に自転車を置かせてもらおうとしたら、柱に看板らしきもの。よく見ると『天理教』の文字が。「教会だ。こんな近くに……」。しげしげと眺めていると、背後から「どなたですか？」。それが、六十前後の女の会長さんとの出会いでした。

私も、吹けば飛ぶような古い小さな教会で育ちました。誘われるまま参拝させていただくと、「ああ、このにおいは幼いころと同じ。小さい神床、六枚の畳、小さな鳴物……」。現在のわが教会は、神殿普請をして何もかも立派になり、それに見慣れていた私には、この教会のすべてが懐かしく、二十年前にタイムスリップしたように不思議な感動を覚えました。

もの静かでやさしい会長さんは、いまは一人で住んでいること、信者さんが一人もいないことなどを話され、私は月次祭の日を確かめて帰りました。

月次祭の当日、私は信者さんのいない祭典はいかなるものかと、いらぬ詮索《せんさく》をしながら教会へ向かいました。おられたのは会長さん、上級の会長さんとそこの信者さん、私を含めて五人だけ。それでも鳴物は全部そろっていました。

私はハッピを借りて琴の前に座りました。ふと、調絃《ちょうげん》もしてないのではと不安になり、そっと四の絃を弾いてみると、古いお琴なのに美しい音色が響き、少し驚きました。女鳴物のすべてがきちんと正確に調絃してあったのです。座りづとめが始まると、私の手は震えて思うように指が運びません。緊張は高まるばかり。私の琴の音色は、そのまま全体の響きとして聞こえてくるからです。

「この小さな教会の祭典が、これほどの緊張感でいっぱいなのはなぜ？　上級の広い神殿で、また大教会の大神殿で何百人もの参拝者が見守る中、てをどりをしても、一度としてこんな張りつめた気持ちにはならなかったのに……」

この胸がつぶれるような思いは、生まれて初めてでした。口の中で「みかぐらうた」を唱えながら、手は汗ばみ、体中にすごい感動が渦巻いて、十二下り目が終わった途端、涙があふれてきて、それを隠そうと必死でした。熱にうなされたようにフラフラになった私は、教会からの帰り道をよく覚えていません。それからも教会へ足を運ばせていただき、今日に至っています。

会長さんの素晴らしい人柄にふれ、時々に自分を見直してみると、確かに娘時代は割合に苦労した気はするけど、結婚と同時に、普通の人と同じ生活に甘んじていることに気がつきました。幼いころ私が育った教会の姿はいまはなく、信者さんも増えて月次祭もにぎやかです。私が琴を覚えたのは六つか七つのころ。祭典の人手がなくて、私でも役に立った。でもいまは、鳴物が欠けることもなければ、何人もの参拝者がおつとめ衣《ぎ》を着て出番を待っているのです。

あの教会、あの会長さんは、おやさまがお引き合わせくださったんですよね。元一日に戻りなさい、と。

会長さんはとても質素で、冬でもコタツに足を入れておられません。おふろに入る時も、電気を節約して明かりをつけないのです。一杯の水も大切にされて、おやさまのひながたを話される時にはハラハラと涙を流されて……。その暮らしぶりと姿を垣間《かいま》見ると、私はどれだけ自分が恥ずかしく、情けなく、身の引き締まる思いになることか。

おやさま、ありがとうございます。このお引き寄せがなければ、知らず知らずのうちに、とんでもない道を歩むところでした。幸せの中で〝本当の幸せ〟に気づいていませんでした。

夫は転勤族なので、そう長く四国にもおれません。でも、あの月次祭の日の感動を一生忘れることなく、これからも勇んで通らせていただきます。次の転地では、今度はこちらから近くの教会の門をたたいてみようと思います。おやさま、私がんばります。

雀も我家の同居人

二十一日目の不思議

桐生《きりゅう》五月《さつき》　82歳・石川県加賀市
（平成5年6月20日号）

このたびは私のような者に、ようこそ尊いご意見を下さいまして、その上、鮮やかなご守護をお見せいただき、誠にありがとうございます。

今年一月四日、わが家の講社祭の翌日、祭典の片付けをしていて急に言語不調、右半身不自由の身上《みじょう》をお見せいただきました。

夫は驚いて、すぐ病院に連れていくと言い、私はふと自分の心得違いのあったことに気づき、「病院には行きません。神様のご意見ですから心配いりません。おさづけをしてもらえますか。妹に電話してください」と頼みました。

まもなく、十キロほど離れた所から妹が駆けつけてくれましたが、やはり、医者に診てもらおうと言います。

「いま病院に行けば、即入院ということになりますやろ。神様は『これからハいたみなやみもてきものも　いきてをどりでみなたすけるで』（おふでさき六号106）と仰せられているのよ。だから私は、この仰せを信じて、身上かりものを知らなかったいままでと、それをわからせていただいたこれからにけじめをつけたくて、おさづけだけで治していただきたいの」

と、たっての願いをしました。妹も納得して、その場で三日ずつの計二十一日間と日を仕切って取り次いでくれました。

すると、十日目ごろから少し手の力が出てきて、拍子木を持てるようになり、膝《ひざ》の上に右手を置いて、左の手で打ち、朝夕のおつとめをさせていただくことができました。妹も毎日、どんなに忙しい中も通って、心からのおさづけを取り次いでくれました。それからは日一日と快方へ向かい、二十一日目の満願の日には、歩行もかなない、箸《はし》も使えるようにすっきりご守護を頂きました。

この不思議なご守護に感じ入り、夫も四月の教祖《おやさま》誕生祭に別席を運んでくれ、長年の夢だった夫婦そろうてのおぢば帰りが実現しました。

「もう八十二歳になったのだから、そろそろ引退させていただきたいなア」と、横着な心遣いをしましたことを、いまさらながら申し訳なく心から恥じておりま す。

どうかこれからも、お力をお与えいただき、できる限りのご用をつとめさせていただきますよう、ご守護のほどお願い申し上げます。

おやさま、本当にありがとうございました。

嫁ぐ日を前に

永吉礼美《ながよしひろみ》　25歳・天理市

（平成8年6月2日号）

いつも温かい親心でお連れ通りくださいまして、ありがとうございます。

私は明日、おやさまの御前《みまえ》にて結婚式を挙げさせていただきます。

思えば二十五年前、親里《おやさと》で生まれ、お道の学校で育てていただきました。結婚するに当たって、あらためていまの私がこうしていられるのは、親神様《おやがみさま》・おやさま、両親、兄弟、友達、そして多くの方々のおかげなのだとつくづく感謝しております。

教祖《おやさま》百十年祭へ向かう三年千日の一年目に修養科を修了、二年目と三年目の二年間、おぢばでお仕込みをいただき、教祖百十年祭を迎えた年に、こんな私が教会へ嫁がせていただくことになりました。両親も大変喜んでくれました。それが私にとって何よりうれしいことです。

でも、教会へ嫁ぐということで、自分に自信がなく、なかなか心が勇めない日もありましたが、いまはとにかく頑張ろうという気持ちでいっぱいです。

そして、これからいろんなことがたくさんあって、涙をこぼしてしまう日もあると思いますが、一つひとつ一生懸命に乗り越えて、とびっきりの笑顔をおやさまに見ていただけるように頑張ります。

両親には何一つ親孝行をしないまま嫁ぐことになります。でも、両親は「礼美が幸せになるのが一番の親孝行だよ」と言ってくれました。だから、私は幸せになります。幸せになって、私の大切なみんなを幸せにしてあげたいです。大好きなみんなの幸せを祈り続けたいです。

うれしいはずなのに両親のさみしそうな顔を見るのはつらいです。大好きな、大切なみんなと離れるのはつらいです。でも、これは別れではなく、新しい始まりですよね。それに、きっと心は、おやさまがこのおぢばで結んでいてくださると信じています。

いまこうして手紙を書いている間も、涙がこぼれて仕方がないのです。ただ、ありがたい気持ちでいっぱいなんです。

おやさま、私、とっても泣き虫なんです。でも、頑張ります。

明日、私は宇佐見礼美になります。

かしこ

立教百五十九年五月十一日

花が終われば
いよ〱夏です。

継ぎはぎの軍手

野口敏重《のぐちとししげ》　70歳・神奈川県相模原市

（平成9年8月24日号）

おやさま、日々は変わらぬご守護のほど、誠にもったいなく、ありがたく存じます。

おかげさまで、今年も青年会ひのきしん隊（一カ月隊）に参加させていただきました。ひのきしん隊に年ごとに参加することで、朝夕の参拝はもとより、規律ある生活に自らも活性化される思いです。

楽しみなのは作業後、宿舎である第百母屋《もや》の大きな湯船につかることです。きょうも一日、若い人の足手まといにならぬように心しながら、ひのきしんに精を出させていただけたことを思うと、しみじみしてきます。

六月は「こどもおぢばがえり」に備えての作業が多くなります。晴れた日も暑い日も、曇天がやがて雨になる日も、山の緑濃い茂みに夏のうぐいすが高く鳴き渡ります。夜は夜で、母屋の近く、田植えを終えたばかりの水田にカエルの大合唱が響きます。コンクリートの構造物に囲まれて暮らす東京人には、この上ない慰めです。

ある日の作業の中休み、腰を下ろしたそばに古びた軍手が置いてありました。よく見ると、開いた指のまたに継ぎきれが当ててあるではありませんか。私の場合、汚れて捨ててある軍手の片方でも使えそうなのを見つけたら、もったいないから洗濯してペアにして、再利用を心掛けてきましたが、この継ぎはぎには思わず頭が下がりました。

とっさに、これは彼のだろうと、先刻見かけた日ごろ無口で目立たぬ青年の顔が浮かびました。黙っていても、彼はおやさまの教えを実践していたのですね。と同時に、「これだから青年会のひのきしん隊はやめられない」との思いを強くしました。国々所々から寄り来る人々に交じって、自分自身を磨かせてもらえるのですから。

おやさま、どうもありがとうございます。来年も体力がなえずにおぢばに呼んでいただけますよう、お願いいたします。

旅先で受けた親切

杉山寿子《すぎやまとしこ》　54歳・静岡県富士市

（平成10年9月6日号）

きょうはとてもうれしいことがありましたので、おやさまに、そして教友の皆さんにも喜んでいただきたいとお便りしました。

わが家は富士山のふもとでお茶の製造・販売をしています。そのお店へ、あるお客さまが、旅先で親切にしていただいたお礼にお茶を贈りたいと、買いに来てくださったのです。訳を伺《うかが》いますと、こんな話でした。

その方は弟さんの突然の訃報《ふほう》を聞き、富士から大分へ駆けつける途次、新幹線の車内に荷物を乗せたまま駅のホームで捜し物をしている間に、列車が発車してしまったのです。財布も弁当も列車の中。若くはない年齢の方ですから、その場は正気を失ったような状態だったそうです。

ところが、ホームに居合わせた多くの人々の中から、一人の男性が進み出ました。列車の荷物を次の駅で確保するよう手続きをし、次に乗り換える列車の切符の手配、さらには大分の弟さんの家に遅れる理由を連絡してくれたのです。

博多に着くまでの車中、ようやく名前を聞き出したところ、佐賀市にある山佐分教会の望月伸郎さんという方でした。お茶を買いに来られたその方は、天理教を信仰している義姉の両親を思い出したそうです。そのご夫妻は、戦死した部下の霊様《みたまさま》を熱心にお慰めしておられるとのことでした。

大分に着いて、集まっていた親戚《しんせき》・縁者に事の顛末《てんまつ》を話すと、「いまどき、そんなに親切にしてくれるのは、天理教の人ぐらいしかいないよ」と口々に話したそうです。

同じ道の信仰につながる者として、私は話の途中から涙が出て止まりませんでした。

望月さん、本当にありがとうございました。私もうれしいです。

おやさまも、きっと喜んでくださいますよね。

雨を待って
咲く花も
あります。

〝さんさい心〟で見れば

多田《ただ》則晃《のりあき》　36歳・広島市

（平成9年12月7日号）

日々結構にお連れ通りいただきまして、誠にありがとうございます。

おかげさまで愛する娘も、八月で無事に三歳の誕生日を迎えさせていただきました。その娘の話なのですが、二歳になったばかりのころ、いつものように「えをかいて！」と言うので、「お父さんの顔、お母さんの顔、キティちゃんの顔……」と、いろいろな似顔絵を描いていた時、急に「おやさま、かいて」と言うのです。不思議に思い、「親神様《おやがみさま》じゃないのか？」と問い直したのですが、「ちがう。おやさま、かいて」と片言ながらはっきり口にしたのです。

妻は、結婚前には未信仰でしたが、結婚式は教会本部の教祖殿で挙げさせていただきました。また娘が一歳の時には、自ら志願して修養科に入らせていただき、いまも近くの教会の月次祭に参拝し、娘も、教会の子どもたちに遊んでもらうような環境にありますが、二歳児には区別は難しいだろうと思い、親神様のことは教えても、おやさまのことはまだ教えていなかったのです。

当然のことながら、おやさまが御身をおかくしになられる以前は、人間と同じお姿をしておられたことなど、娘にはわかるはずがないのに、「おやさま、かいて」だったのです。

私たち夫婦が驚いたのは「この子には、おやさまが見えるのか?」という点でした。それで「この子はきっと、おやさまが見えるに違いない」と思い、その次は「この子には見えるのに、私たちには見えない」という思案でした。

幼子の澄み切った〝さんさい心〟でこの世を見れば、きっとおやさまのお姿が拝見できるのでしょうね。

一方、私たち夫婦はというと、心に〝ほこり〟というフィルターがかかり、子どものような素直な目で物事を見ることができないのでしょう。娘に対して恥ずかしい気持ちになってしまいました。

でも、もっと心の成人をして〝さんさい心〟を取り戻したあかつきには、きっと私たちにもご存命のおやさまのお姿を拝せる日が来るのでしょうね。教祖殿でお目にかかれる日を楽しみに、また明日からもお連れ通りくださいませ。

劇画でおやさまを知る

市川《いちかわ》ミサヲ　60歳・埼玉県東松山市

（平成6年5月29日号）

私がおやさまについて初めて知ったのは、これを見てごらん、と渡された劇画『教祖物語《おやさま》』でした。読むにつれて次第に心をひかれ、夢中で拝読いたしました。いままで聞いたことも見たこともないご行跡に、驚きと感動で胸迫る感じでございました。

私はなんと自分勝手な人生を通ってきたのでしょうか。わが身わが家の幸せを願って、一生懸命に通ってきたつもりが、いまから十一年ほど前、乳がんの手術を受ける結果となりました。一年後、ほかにもシコリが見つかり、人の勧めのままにあれこれと民間療法を続けるうち、肝臓障害、偏食による栄養失調と十年間の入退院の繰り返し。体重も三十キロ台にやせ、医学治療でも改善の見込みなく、歩くこともできず、話をすることもいやになり、家族や兄弟の迷惑を考えては死を思う毎日でした。

そんなある日、妹夫婦の勧めで、天理教の会長さんから、かしもの・かりものの話を聞き、おさづけを取り次いでいただきました。そうして「教会に住み込みなさい」とのこと。しかし、私も夫も、いまの状態ではとても無理だと申しました。「おやさまにもたれ切ったら何も心配はいらない」と言われ、藁《わら》にもすがる思いで半信半疑ながら意を決し、汽車に乗りました。

十年ぶりの旅でしたが、動けました、歩けました、食べられました。言われるままに少しずつですが、ひのきしんもできました。その月のおぢばの月次祭に帰り、別席を運ばせていただこうと、喜びと不安の中、車中の人となりました。五百キロを超す車の旅も、不思議に疲れも知らず、初めて見るおぢばのすがすがしさに感動しつつ、神殿から教祖殿へと参進させていただき、会長さんが「ここが、おやさまのお住まいです。いまのあなたの気持ちを、おやさまにお話ししましょうよ」と、言われるままに拝をしました。

十年来の自分の姿と、この一カ月間に見せていただいたご守護のありがたさを思う時、かつてない喜びと感動に浸りました。

私はおやさまの御前《みまえ》で「ありがとうございます。私の心得違いをお許しくださいませ。これからは神一条の心で、生きさせていただきます」とお誓い申し上げました。

おやさま、お引き寄せいただいて、本当にありがとうございました。

おぢばで見た朝焼け

中西恵子《なかにしけいこ》　28歳・大阪府八尾市

（平成3年12月15日号）

「オギャー」と元気なうぶ声。分娩台《ぶんべん》の上で「親神様《おやがみさま》・おやさま、ありがとうございます」と手を合わせると、自然に涙があふれました。

五体満足な女の子（夫は男の子がいいと言っておりましたが……）を授かり、分娩の所要時間も初産にしては短く〝超安産〟でした。また、産後の回復も順調で、お医者さんも助産婦さんもとてもびっくりされていました。これも皆、親神様・おやさまのご守護によるもの……。をびや許しって、なんてすごいんだろうと、しみじみ思いました。

お道のことは何一つ知らずに、修養科五十周年の記念すべき年に、身重の体で入らせていただきました。担任の先生をはじめ諸先生方、クラスメート、詰所の皆さまとたくさんの人々に支えられて、無事に修了することができました。

家に戻って、明け方に授乳する時、東の空がだんだんと明るくなるのを見ていると、おぢばでいつも見たあの朝焼けを思い出します。すると、眠けも吹き飛んで、「さぁー、頑張るぞ」という気分になるから不思議です。

いま母となり、教えていただいた「かしもの・かりもの」「心一つが我がの理」という教えが心に染み入るような気がします。修養科での三カ月間は、とても楽しい思い出ばかりで、一生の心の支えになりそうです。

この素晴らしい天理教の教えに導いてくれた夫に感謝するとともに、これからますます夫婦そろって、ひのきしんに励みたいと思います。そして、親神様・おやさまに好かれる子どもに育てさせていただきます。

親神様・おやさま、ほんとうにありがとうございました。

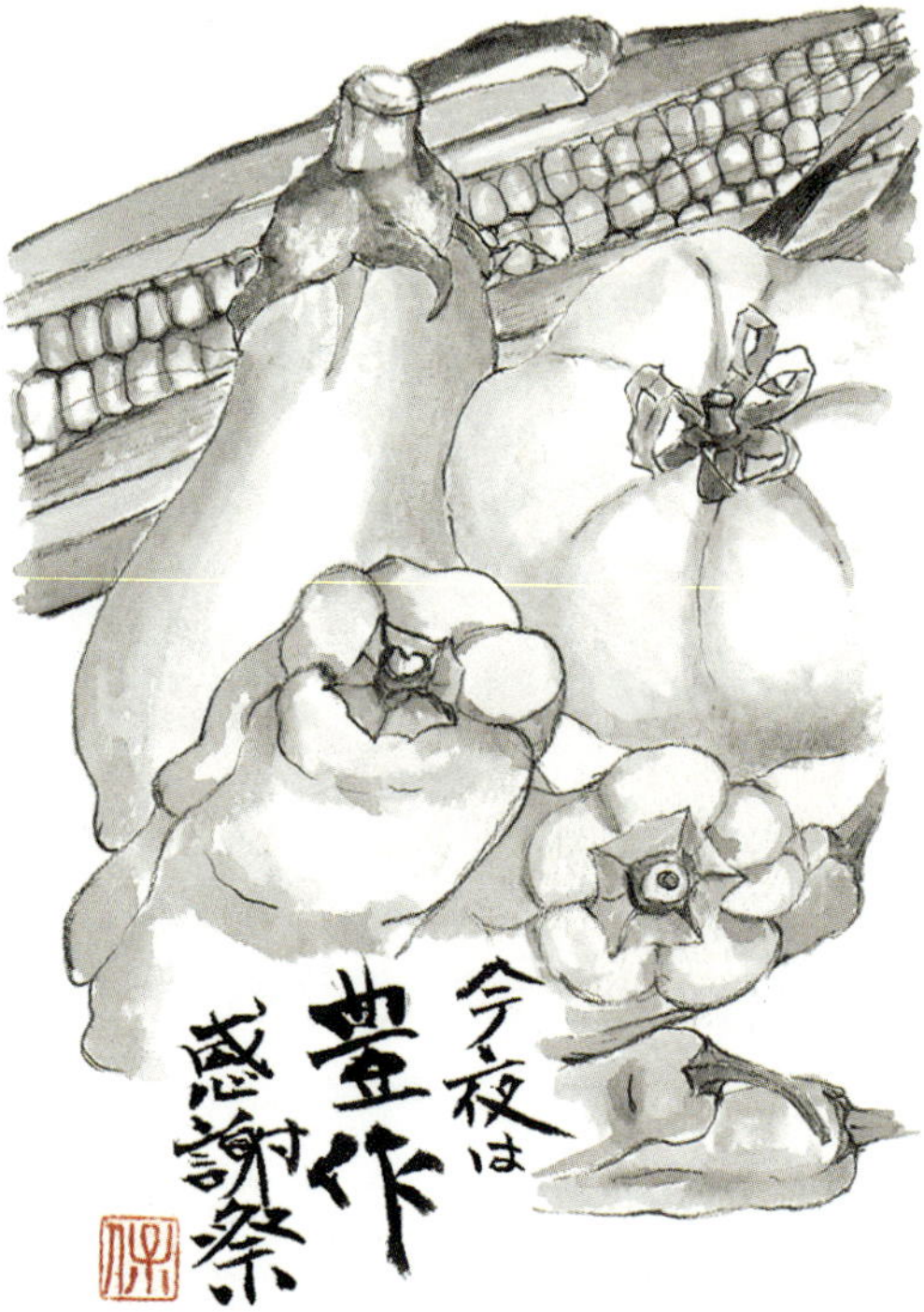
今夜は
豊作
感謝祭

温かいおしかり

津崎正治《つざきまさはる》　39歳・大阪府豊中市

（平成3年6月16日号）

昨夕、うれしいことがあり、どうしてもお礼を申し上げたくてペンを執りました。

夕食前、三人の子ども（高一、中二、小二）が別室で、何やらヒソヒソと話しておりました。「食事だよー」と声をかけると、小二の娘が「三人から『母の日』と『父の日』のプレゼント」と、リボンのついた包みを差し出しました。中身はラジカセでした。お道の講話のテープを聞くのに、以前から欲しいと思っていたものです。突然のことで胸がつまり、妻はエプロンで顔を押さえていました。

「夫婦の治まりが第一」とわかっていながら、なかなか実行できず、子育ての大事な時期なのに、たびたび子どもたちにいやな思いをさせており、申し訳なく思っていた、そんな矢先のことでした。

「私たちも、もっともっと頑張って良い親になるからね」と子どもたちに約束しました。ラジカセには、きょうの日付とその旨《むね》を明記して、大切に使わせてもらうつもりです。

私は、おやさまから〝温かいおしかり〟を受けたものと悟りました。子どもは親の従属者ではなく、親神様《おやがみさま》からの授かりものであることや、子どもの姿を通して親が成人しなければならないことなどを教えられました。

おやさま、私たち夫婦にはもったいないような子どもを与えていただき、本当にありがとうございます。子どもたちに負けないよう、広い心を持った本当のようぼくにならせていただきます。

親里《おやさと》でくつろぐ幸福

小野村典子《おのむらのりこ》
43歳・茨城県日立市

（平成6年9月25日）

初めてお便りさせていただきます。高校三年の娘と中学三年の息子を持つ母です。

今年の夏も盛大に「こどもおぢばがえり」が開かれましたが、二人の子どもたちも小学一、二年のころから毎年欠かさず参加させてもらい、少年ひのきしん隊も三年間、無事につとめさせていただきました。

いまは亡き、教会の前会長さんは「子どもは小さい時から、わからなくてもいいから、おぢばの風に当てることが大切だ」とおっしゃっていました。いま振り返ると、本当にそうだと思います。

子どもが生まれてからずっと、教会の月次祭には子どもの名前で、少額ではありますが、「つなぎ」としてお供えさせていただいてまいりました。親として、子どもが道から離れることなく通ってほしいと、また、たとえ離れることがあっても、きっと親神様《おやがみさま》・おやさまにお引き寄せいただけるように、との思いからでした。

また、身上《みじょう》・事情といった節《ふし》に当たってのお供えだけでなく、子どもの誕生日には、感謝の心でお供えをするようにと話してきましたが、子どもたちは素直に実行してくれています。

家族で年に一度はそろっておぢば帰りをしようと心に決め、私たち夫婦の仕事の都合から、五月の連休に続けてきました。みんなで参拝した後、私たち夫婦と娘は天理本通りの商店街で買い物をしたりするのですが、息子は「天理駅でコーヒー牛乳を飲むと、ああ、親里に帰ってきたなあと思う」とか。おぢばは人間の実家で、親がおられる所。親里で心からゆっくりとくつろいで過ごせるひと時が、家族の幸福だと思うようになりました。

私たち夫婦はよく、親里で子どもたちにこんな話をします。「あなたたちが将来、親になった時、それぞれ自分たちの子どもの手を引いて、『お前たちのおじいちゃん、おばあちゃんと、五月の連休にはこうやって一緒に歩いていたんだよ』と言えるようになってね」と。

先日もそれぞれ天理から戻ってきた子どもたちが「おぢばに帰ると、なぜか人にやさしく、自分にも素直になれるから不思議だ」と話していました。親として、とてもうれしい気持ちになりました。

おやさまにご報告いたしたく、長々とお便りさせていただきました。これからも子どもたちのこと、よろしくお願いいたします。

源流は母の懐

「ありがとう」の言葉を遺《のこ》して

鬼松順子《おにまつじゅんこ》
41歳・香川県高松市

（平成6年7月17日号）

　私が身上《みじょう》を頂いたのは、平成四年十二月でした。首の左に四、五センチ大のかたまりができたので、摘出のため、県立中央病院に入院しました。手術は全身麻酔で、術後の痛みもなく、親神様《おやがみさま》・おやさまのおかげだと思います。

　摘出したかたまりは、検査の結果、悪性リンパ腫《しゅ》と判明。抗がん剤の投与が始まりました。副作用のため食事が頂けないこともありましたが、教会の会長さん、奥さんをはじめ、信者さん方のおさづけとお願いづとめのおかげで、翌年五月十八日に退院の運びとなりました。

本当に神様のおかげと、にをいがけに出させてもらいたいと思っていたところ、病院の外来エコー検査で腹の中にリンパ腫ができているとのこと。七月五日に再入院いたしました。この入院中に思ったことは、いんねんということです。

妻の母は三十八歳で心臓弁膜症で出直し、妻も三十八歳で心臓弁膜症とわかり、二度目の修養科に入らせていただきました。私の心定めは、布教所の設置、十三《じゅうさん》峠《とうげ》を越えておぢば帰りをさせていただくことでした。

私の父は五十五歳で胃がんで出直しましたが、教会の上には骨身を惜しまず、いつとめていました。父と母の真実の伏せ込みのおかげで、妻は三十八歳の年、いのちをたすけていただきました。私は、父が出直した年齢の十年前に身上にお知らせを頂いたので、これからの十年を無駄にしないよう、夫婦でにをいがけ・おたすけに、ひのきしんに勇んでつとめさせていただく所存です。定年後は〝道一条〟を心定めしています。

おやさまは、身上を通して私たち夫婦にお教えくださいました。ありがとうございました。

鬼松幸夫

追伸

亡き夫が手帳に書いていた文を、代筆させてもらいました。

このたびの夫の身上を通して、いままでの平凡な日々がどんなに大切だったかと身に染みてわかりました。

夫は「ありがとう」の言葉を遺《のこ》して、平成六年三月十一日に出直しました。四十六歳でした。また、家族全員の夢の中にも出てきてくれました。本当に、おやさま、ありがとうございました。今後とも、三人の子どもたちのこと、また母のこと、どうぞよろしくお願いいたします。

薬袋の母の遺言

森本昭三《もりもとしょうぞう》　70歳・広島県大竹市

（平成11年1月17日号）

昨年、九十三歳の母は、四月の教祖《おやさま》ご誕生二百年と「こどもおぢばがえり」の際に、二度のおぢば帰りをさせていただきました。普段は白い反物《たんもの》で、教会のふきんやぞうきんを縫《ぬ》うことを楽しみにしていました。

ところが十月初旬から食が細くなり、点滴を受けるようになりました。医師の診断では、肝臓から大腸へがんが転移し、年内の寿命とのこと。やがては腸閉塞《へいそく》を起こし、痛みが来るはずと聞かされ、私たち夫婦も介護の心づもりをしていました。しかし、母は痛みを訴えることなく、朝夕には散歩して、入浴も一人ででできる状態でしたので、病気の詳細は本人に知らせませんでした。

そんな様子だったので、十月の真柱《しんばしら》継承奉告祭に向け、私は教会のバス団参に参加させていただきました。前夜の「慶《よろこ》びの大行進」に参加、感激の冷めやらぬ翌日には奉告祭、そして二十六日の秋季大祭に参拝して、ご本部を後にしました。

その夜、自宅の玄関に入るなり、妻から「お母さんがきょうの昼すぎ、出直されました」と知らされました。安らかな母の顔をさすりながら、おぢばで買った母の好物の昆布と奈良漬けを枕元《まくらもと》に供えました。

私が出発する日、何かほしいものはないかと聞くと、「あんたやお姉さん（妻のこと）に世話をかけぬよう、コロッと参れるよう、ようお願いしてきてね」と申しておりました。おぢばで私は「母がお借りしている身上《みじょう》をお返しする日までは、どうぞ痛み苦しみのないよう、お聞き届けくださいますよう……」とひたすらお願いしました。

秋季大祭の日に出直した母の告別式を終えた数日後、母の遺品を整理していた妻が、薬袋を捨てようと何げなく裏返したところ、思いがけずも鉛筆書きの母の最後の言葉を見つけました。「昭三、お姉さん、二人は仲良く手と手で　永い間すみませんでした　モウカケナイデス」

平仮名とカタカナ交じりの遺書でしたが、出直しの数時間前に死期を悟り、書いたものと思われます。

出直しの朝まで散歩していた母を見た人たちも、「あのような死に方にあやかりたい。信仰のおかげですね」と。母は最後のにをいがけをしてくれました。

それから一週間後の十一月三日、三女に予定より早く女児が誕生しました。母の生まれ変わりのように思われます。

身上をお返しする日まで、まったく痛み苦しみのなかったことは、ひとえに親《おや》神様《がみさま》・おやさまのご守護のおかげと感謝せずにはいられません。

「ふしから芽が出る」を信じ

保田《やすだ》タル子　61歳・大阪府大東市

（平成12年10月15日号）

夫が出直して、この十一月でちょうど三十年になります。夫は骨髄性白血病のため昭和四十二年から約三年間、「憩の家」（病院）に入院させていただき、主治医の先生をはじめ看護婦さん、事情部の先生方には大変お世話になりました。入院から六カ月目のころ、夫は危篤《きとく》状態に陥りましたが、その後は驚くほどの回復ぶりでした。一時は退院を許されて修養科にも入り、感激のうちに修了させていただきました。

数々の不思議なご守護をお見せいただきましたが、やはり難しい身上《みじょう》でしたから、三十八歳の若さで静かに出直しました。

夫は親孝行で、子ども好きのやさしい人でした。「苦労かけるけど、母と子どもを頼む」と、入院中によく話していました。また「入院生活はつらいけど、子どもが元気なのがありがたい。子どもの代わりに病んでいると思えば耐えられる。立派な病院で最高の治療を受けられて満足だ」と、明るく感謝しながらの入院生活でした。

夫が出直した当時、長女は小学一年生、二女はまだ三歳。私は看護ようぼくでしたので、地元の病院に勤めながら家庭を守りました。その病院も昨年四月に定年退職を迎えました。

姑《しゅうとめ》は十五年前、八十三歳で見送らせていただきました。二人の娘は、それぞれもったいないほどの良い方に巡り合い、いま幸せに暮らしています。かわいい孫も四人おります。

過日、夫の三十年祭を、みんなでにぎやかに勤めさせていただきました。この歳月を思うと、私たち家族には感無量でした。

「〝ふしから芽が出る〟のお言葉があるように、心を倒すことなく頑張るように」と所属教会の会長さんをはじめ、皆さんから励ましを頂き、勇気づけてもらい、今日まで来れました。いまは幸せいっぱいの感謝の日々で、私は大阪教区の布教専従者の集い「若道会」に参加して、にをいがけに歩かせていただいています。

おやさま、この道にお引き寄せいただき、やさしくお連れ通りくださいまして、本当にありがとうございました。

勇みの文箱

ありのまま、そのまま

露口知子《つゆぐちともこ》　33歳・愛知県海部郡

（平成4年4月26日号）

おやさま、初めてお便りいたします。

私は、元気なピカピカの教会長夫人です。このたび、大教会長様からご命を受け、上級教会の会長様をはじめ皆さまのお力を借りて、事情教会を復興させていただきました。

夫と結婚したのは四年前。信仰に対してあまり積極的でなかった私が、単独布教中の夫とお見合いをしました。その数日後、夫から「布教所へどうぞ」と招待。断られてもともとと思いつつ、親神様《おやがみさま》に縁談がうまくいきますように、とお願いをして出かけました。

行ってみると、そこは二階建ての家。といっても、たった三坪《つぼ》の小さな家で、近所は飲み屋街。ネズミもチョロチョロ散歩しているし、なんだか不気味な感じでした。

狭い部屋をくまなく見回し、ドキドキしていると、「ごちそうを用意したから食べてくれ」と言うのです。食べることには目のない私ですが、何が出てくるのか不安と、かすかな期待を寄せていると……。夫が自ら運んでくれた手料理は、どんぶり飯、ふかしたじゃがいも、大根の切り干し。ひと口食べて、思わず涙が出てしまいました。

おやさま、私は決して不足して泣いたのではありません。お見合いをしてすぐに、ありのまま、そのままの姿を見せてくれた夫に、大感動したのです。

あの感動から現在、子どもが二人とおなかの中にもう一人。布教中に住まわせていただいた、なつかしい小さな家を離れてちょうど一年になります。おかげさまで、立派な神様の家と土地をお与えいただき、呼び名も「あなた」から「会長さん」へと変わって、ようやく慣れたきょうこのごろです。会長を芯《しん》に、毎日コツコツと、家族そろって明るく勇んで通らせていただいております。

まだまだおつとめの手がそろわない教会ですが、どうぞ末長くお見守りくださいますよう、よろしくお願いいたします。

夫の遺志を継ぎ……

松本百合子《まつもとゆりこ》　67歳・山口県美祢市
（平成3年6月9日号）

うれしい時、悲しい時、

「おやさまだったら……」

と第一に考え、〝成ってくるのが天の理〟と受けとめて、教えにしたがって生きてきたと思うのです。でもいま、大切な夫が、アッという間に呼吸不全で春浅い日に出直してしまいました。

思えば昨年、呼吸困難を押して、どうでもおぢばへ帰りたいと言うので、所属の会長さんの親身のお世話取りで命がけで参拝させていただき、とても喜んでおりました。

教祖《おやさま》誕生祭には、皆そろって元気に参拝させていただこうと楽しみにしていたのに、はかない夢となってしまいました。

夫には大事な神様のご用が山積みとなっているので、どうでもたすかってもらわなくてはと、私も必死で教会日参を続け、おさづけを取り次いでご守護を祈りましたが、親神様《おやがみさま》の思召《おぼしめし》で身上《みじょう》をお返しすることになりました。

少年のころから教会に住み込み、理を重んじ、正直一条で通ってくれ、私もその感化を受けて信仰に入りました。息を引き取る前、お世話になった病院の先生、看護婦さんにお礼を申し上げ、「天理教の歌を歌ってくれ」と言い残した言葉が心に残っています。

思えば、七十二年間の夫の生涯を、限りないご守護で幸せに生かしてくださったことを、まずは親神様・おやさまに心からお礼申し上げねばなりません。これ

からは夫の遺志を継ぎ、強く明るくご用に励みたいと思いますので、おやさま、
何とぞよろしくお願い申し上げます。

えな暑さ
なんかに
負けては
おれません

親心を二人の魂に

横井《よこい》　明《あきら》　68歳・愛知県一宮市

（平成4年6月14日）

きょうは、久しぶりにおぢば帰りをさせていただきました。一刻も早く親の元へ帰りたい、おやさまのおひざ元にすがりたい気持ちで、新緑の萌《も》えさかる名阪《めいはん》国道をひた走ってまいりました。

いつもと違って心がはやったのは、このたびのおぢば帰りでは、格別のご無理をお願いしたかったからです。右肺一面にがんが広がったお年寄りのご婦人と、膀胱《ぼうこう》から腎臓までがんに侵された働きざかりの男性で、二人とも手の施しようがないと医者に見放された方のお願いだったのです。

お二人のおたすけに際して、もはや何もしてやれないもどかしさばかりが募ります。無理なことは申しません。せめて、痛みと苦しみを少しでもやわらげてください。

おやさま、このたびは持参したビンに、境内地の水飲み場でお水をいっぱいくんで、かんろだいの前でおつとめをして帰りました。余命いくばくもないといわれた二人の方々の胸に、願いを込めたおぢばのお水で、おやさまの温かい親心を染みわたらせてあげてください。

たとえわずかな日々でも、おやさまの大きな広いお心を二人の魂に刻ませてあげとうございます。

勇気を与えてください

曽我《そが》ミツ　68歳・埼玉県和光市

（平成4年8月23日号）

ふとしたきっかけで、お道にお引き寄せいただきました。おかげさまで、いまは孫にも恵まれ、幸せな日々です。これまで身上《みじょう》や事情もいろいろとありましたが、良い時も悪い時もすべて、親神様《おやがみさま》の子供たすけたいご守護であったと思えるようになりました。おやさまの教えを聞き分けたなら皆たすかる、いんねんまでも切り替えていただけると、しみじみ思います。

私は長年の勤めを退き、夫とともに念願の修養科を了《お》え、一年余りたちました。おやさまのおひざ元で過ごした三カ月の間、参拝に行くたびに、「修養科修了後は、にをいがけで一生を終わりたいと思いますから、勇気を与えてください」と、それればかり願い続けました。そして早速実行。一日に一人はお話を取り次がせていただきたいと歩きました。留守の家が多く、犬にほえられ、断られ、それでも「いいお話ね」と聞いてくださる方もありました。「きょうは一人もお取り次ぎできない」と思っていると、最後の家で感心して聞いてくださる方がいて、「おやさまが先回りしてくださった」と思える日もありました。

しばらくして、いつしか心も緩《ゆる》み、怠《なま》け心が起きた時、私は腰を痛め、つらい体になりました。もうだめかと思いましたが、骨が変形し、背が少し丸くなったものの、歩けるご守護を頂きました。このありがたさ……。

いまでは朝になると、「きょうはどこへ行こうかな」と、ひと言でもお道の話を伝えねばとの思いになります。バスを待つ間、電車の中でも時に話しかけ、病院の待合室は絶好の場。そんな時のために、いつもパンフレットを持ち歩きます。

午前中は勤めがありますから、にをいがけは午後ばかり。これといって目立った成果もありませんが、これが私の行く道と定め、おやさまの五十年のご苦労をしのび、少しでもお喜びいただける通り方をしたいと思います。

おやさま、私はこの年になって、「たすかりたい、たすかりたい」の信仰からようやく目覚めました。神様のお心を思いますと、まだまだ真実が足りない、これではいけないと思うことばかりです。私は自分自身の心に打ち勝っていかねばなりません。

おやさま、私は、いつでもどこでもためらいなく、おさづけを取り次げるようになりたいのです。どうか勇気を与えてください。お願いいたします。

風に花がゆれて
里は秋になりました。

本部中庭での不思議

末吉《すえよし》スヱノ　83歳・奈良県橿原市

（平成11年12月19日号）

私は辰年《たつどし》生まれの八十三歳です。

三十歳で自動二輪の、五十歳で車の免許を取り、以来、一日中にをいがけ・おたすけと信者宅の講社祭に走り回っています。おかげさまで、この五十年というもの病気一つせず、元気でお連れ通りいただいております。

とはいえ、最近は足が弱ってきて、病院で検査してもらった結果、筋肉がだんだんと縮んできて、医学ではどうすることもできない病気という診断でした。それでもスクーターや車があれば、どこへでも容易に走っていけます。

さる十一月の本部月次祭の日も、身上《みじょう》の信者さんを連れて、おぢばへ帰らせていただきました。神殿から遠い所に車を置き、ご存命のおやさまの御前《みまえ》へ向かおうと一生懸命に歩きましたが、途中で足が動かなくなってしまいました。

私はようやく本部中庭までたどり着くと、思わず土下座をして、

「おやさま、申し訳ございません。どうしてもおそば近くまで行けません。どうぞ、お許しください」

と心の中でおわびを申し上げました。

すると、なんと不思議なことでしょう。先ほどまでどうしても動かなかった足が、なんの苦痛もなく動くではありませんか。歩いてみると、ちゃんと歩けるのです。あまりにも鮮やかな、ありがたいご守護に、涙の出る思いでお礼を申し上げました。本当にありがとうございました。

これからもいのちのある限り、おやさまをお慕いし、ひながたの道をたどらせ

ていただく心を新たにいたしました。
おやさま、どうぞよろしくお願い申し上げます。

恩師からの電話

甲斐繁子《かいしげこ》
53歳・大阪市東住吉区
（平成8年5月5日号）

おやさま、私はいま、うれしくて眠れません。

それは夕食の支度に忙しい時でした。遠く能登半島の奥から、うれしい電話がかかってきました。

「あんた方に心配ばかりかけたけど、やっと今度、天理さんへ参らせてもらえます」と。私が小学一年の時の恩師からです。

私は小学三年まで、父の郷里である能登半島の半農半漁の村で育ちましたが、母が病弱なため畑仕事も思うようにできず、両親と私の弟妹たちとともに、大阪の母の実家に移り住みました。田舎育ちで方言を笑われ、当時の私は都会になじむのにたいそう時間がかかりました。いまから四十四、五年前のことです。

五十三歳になる今日まで、郷里へ数回、墓参に帰りましたが、そのつど、先生を訪ねておりました。先生を囲んで勉強した過ぎし日は、教室に大きくて四角い囲炉裏《いろり》のような火鉢があり、おもちを焼いてもらったり、その周りで学芸会のけいこをしたり、先生が白い指で赤鉛筆を持ち、丸をたくさんつけてくださったり、貝拾いの遠足など忘れることができません。

昨年夏も先生をお訪ねしました。七十四歳になられた先生の腰は少し曲がり、唇にデキモノができてつらそうでした。私はおさづけを取り次がせていただこうと「あしきはらい……」と唱えますと、先生はいきなり「いま、あんたの言った言葉と同じ言葉を昔聞いたことがある。私が腸チフスで隔離されてだれも来ない時、天理教のお姉さんが来て、お祈りしてくれた時のあの言葉……。あっ、長いこと忘れていたのに思い出した！」と、とても感動され、神妙におさづけを受けてくださったのです。

記憶をたどりながら、ポツポツと話は続きました。「真宗王国の北陸やから、そのころは親たちも天理さんのこと、良くは言わんかった。私たち教職にある者の中にも、職員室から見える教会で天理さんが踊る姿を見て笑ったりしてたけど、私が伝染病の時、だれ一人訪ねてくれない中で、お祈りに来てくれたお姉さんは好きだった。それから、子どもたちが夏休みの『おぢばがえり』というのに行くようになって、みんな本当に良い子になって帰ってくるので、いままで笑っていた先生たちも天理さんを見直すようになってきたんよ。私もあんたが天理さんへ行っていると聞いて、なぜか行ってみたくてならんのや……」

私はその場で、おぢば帰りの案内をさせていただき、早速、本部で奥能登にある北乃洲《きたのしゅう》分教会を紹介していただきました。その会長さんは、教会のおぢば帰りの際に、先生をお誘いくださることを快くお引き受けくださり、奥さんは何度か先生のお宅まで足を運んでくださいました。昨年秋の大祭に帰参を予定していましたが、先生が突然の身上《みじょう》になられて行けなくなったこともありました。それでも根気よく声をかけてくださった奥さんの真実で、このたび、恩師からのうれしい電話となったのです。

おやさま、私はうれしくて、その日をワクワクしながら待っております。ありがとうございました。

食って
しまうには
もったいない、
秋の色
です。

病んで気づいたこと

中山鈴子《なかやますずこ》　72歳・北海道旭川市
（平成9年2月2日号）

おやさまには、いつも休みなくご守護を下さり、誠にありがとうございます。このたびは、おやさまに私の〝さんげ話〟を聞いていただきたくペンを執りました。

体の弱い私は、夫とともに教会に運べること、おぢばへ帰らせていただけることを無上の喜び、唯一の生きがいとしてきました。そんな私でしたが、三年前の夏からひざを痛めて、座れない体になったのです。

初めはひざの痛みだけで、すぐに退院できると思っていたのですが、心臓の身《み》上《じょう》も伴って、八カ月に及ぶ入院生活となりました。会長さんや奥さんには何度も病院までお運びくださいましたが、私にとって歩けないことは、誠につらく悲しいことでした。

身上に苦しむ中で、ふと気づいたのです。形の上では一生懸命に信心してきたつもりでしたが、一番大切な、夫婦としての心遣いや喜びを忘れていたと……。にをいがけ・おたすけに夢中になっていた私は、自分の思い通りに突っ走って、夫に喜びを与えないばかりか、不足させていたのです。いつも「どうして同じ道を信仰していながら、こうなるのか」「もう少し理解してくれてもいいのに」と心を濁《にご》す道中でした。

入院して苦しかった時も、「こんなに一生懸命に教会につとめてきたのに、弱い体にムチ打って頑張ってきたのに」などと恨みがましく思っていましたが、「これでよかった。こうでもならなければ、私は大切なものを見失ってしまうところだった」と思えるのです。病んで気づかせてもらったことは、宝石よりも美しく尊いものでした。

ひざが曲がらず、月々の教会のおつとめに出られないなら、どんな雑用でも喜んでさせていただこう。それに、満足に動く手があるではないか。この手にペンを持ち、にをいがけを始めよう。『天理時報』などの切り抜きを知人にどんどん送って、お道の素晴らしさを伝えよう。生まれ変わったつもりで、余生を人のために使わせていただこう。いまはしみじみそう思えるのです。

お道が大好きな私です。おやさま、これからもよろしくお導きいただきますよう、おわびとお願いを申し上げます。

私、介護の達人になります

山下淑子《やましたよしこ》
59歳・山口県防府市

（平成6年1月23日号）

「とうとうストローで、ジュースが飲めるようになりました」

受話器の向こうから弾んだ声が聞こえてきました。普通ならなんでもないことが、一つひとつうれしく、ありがたい……。身上《みじょう》を頂いた者なら、だれでも感じる親神様《おやがみさま》のぬくもりです。

いつか、おやさまにご報告させていただいた、八歳になるH君のお母さんからの電話でした。早産で生まれ、ハンディキャップを背負った彼は、リハビリの痛みと闘い、明るく生きてきたのですが、ちょっとした風邪《かぜ》をこじらせて、高熱による脳の発作を起こし、水頭症の手術を受けました。意識が少しずつ戻り始めたものの言葉を発することはまだできませんが、確実に、少しずつ変わっています。

何より喜ばしいことは、彼の身上によって両親がより一層、親神様の思いに近づかせていただけたということです。三男一女に恵まれ、何不自由ない暮らしの中で、H君の存在は、兄弟たちにもやさしさや思いやりの心を育てるきっかけになりました。

「もうこれからは、大変だと思わないことにします。そして、うんと勉強させていただいて、介護の達人になります」とお母さんの声は弾んでいました。

H君の周りに集まってくる人々の中には、同じ苦しみを背負った方が大勢いらっしゃいます。私もまた、そういう方々にお会いして、いろいろ学ばせていただきました。これからのおたすけの上で、課題とさせていただきます。

おやさま、ありがとうございました。

枯野にも
美しいものは
いっぱいですね。

覚えていらっしゃいますか

基常茂子《もとつねしげこ》　35歳・埼玉県草加市

（平成7年9月17日号）


おやさま、久しぶりにペンを執らせていただきます。

覚えていらっしゃいますか、一昨年、腎臓病で病院のベッドの上からお手紙を送らせていただいたことを……。あの時は入院して四カ月目くらいだったと思いますが、結局、私の心がなかなか素直になれなかったせいか、一年間も入院生活を送ってしまいました。

三歳だった子どもも、いまでは五歳になりました。こんなことを言っては申し訳ないのですが、母親がそばにいなくても、周りの人たちのおかげで、元気なやさしい子どもに育ってくれています。

ずっと健康だった私がなぜ、一年間も身上《みじょう》になるのか、どうして神様は私をこんな目に遭わせられるのかと、入院当時はそんなことばかり考えていました。自分の通ってきた道も考えずに……。だから、なかなかご守護を頂けなかったのでしょう。

いまになっていろいろ考えてみると、これからの私の行く末を神様は知っておられたから、こんな身上を見せられたのではないでしょうか。

退院してから今度は事情で教えられ、「どうして私ばかり……」とまた自分をかばう心になりましたが、一年間の入院生活を思うと、不思議にも事情の苦しみを、たんのうすることができたのです。そうです。おやさまはわかっておられたのですね。私の将来にはまだまだ節《ふし》があるのだから、お道の教えを忘れず、一生懸命に通っていきなさいと――。

そしていままでは、お約束した通りに、にをいがけをさせていただいています。にをいがけに出た日は、不思議と心がすっきりするんです。だから、いまはまた、以前のような幸せな家庭生活を送らせていただいています。

おやさま、ありがとうございます。これからも日々を喜んで通らせていただきます。

初めておぢばへ導いて

清水孝次郎《しみずこうじろう》 64歳・福井市

（平成5年8月1日号）

私は身上《みじょう》をきっかけに、修養科六〇六期に入れていただきました。

なぜ、私だけが病気で入退院を繰り返さなければならないのか、いままで悪いこともしていないのにと、大変悩みました。その時、以前から天理教に入信していた姉や、姉が所属する教会の会長さんに勧められ、退院して二十日目に何も知らずに修養科に入りました。

最初の一カ月半ほどは、車いすの生活でしたが、その後は自力で歩くことができるようになりました。でも、ひのきしんの時は、組の人の荷物の番をさせてもらうことがほとんどでした。

修養科では苦しいこともありましたが、それを上回る楽しさが忘れられず、修了後は、友達に何度かお話を聞いていただき、ぜひ一度、おぢばを見てほしくて足を運びました。信仰心のない人なので、どんなに説得してもダメだろうと、友達の奥さんから言われていました。しかし、私はあきらめることができず、とにかく一緒におぢばに帰ることを勧めたところ、心が通じたのか、友達が「行く」と言ってくれた時には、本当に天にも昇るような気持ちでした。

時計店を営んでいる人でしたので、店を休むのなら夫婦で行きたい、そして別の友達も連れていってほしいとの連絡を受け、結局、私ども夫婦と友達と合わせて五人で、列車で日帰りすることにしました。

久しぶりに帰らせていただいたおぢばは、新鮮な喜びの連続でした。修養科で学んだ時の教室や食堂、神殿、教祖殿、祖霊殿など、できるだけたくさん見ていただきたいと思い、皆、足が棒になるほど歩き回りました。

帰りの車中はもとより、福井に着いてから駅裏の食堂で一杯飲みながら談笑していても、友達の口からおぢばでの話が次から次へと出てきます。しかも、あれほど信仰に背を向けていた友達までもが、「きょうは本当に天理教の本部に行けてよかった」と喜んでくれたことは、私にとって、言葉には言い表せないうれしさでした。

これも、私個人の力ではなく、おやさまのお導きによるものと深く感謝しております。いまはまだ、別席は運んでいただけません。しかし、神殿では一生懸命に礼拝してくださいました。どうか、これからも、皆さんをお導きくださいますよう、よろしくお願い申し上げます。

夏が過ぎ
秋も過ぎて
冬が来て
寒さの中で
凛と
咲いて
います。

奇跡の救出劇の陰で

澤井政子《さわいまさこ》
67歳・大阪府四條畷市

（平成5年5月30日号）

おやさま、日々はどんな中も結構にお連れ通りいただき、誠にありがとうございます。

私は昭和二十七年、ある事情により修養科に入らせていただき、数々のご守護を頂き、所属教会からは結構な理の仕込みにて温かく導かれ、夫の大きな支えにより、喜びの日々を過ごさせてもらうようになりました。その中でも、先日の不思議なご守護を報告させていただきます。

さる二月二十八日の出来事でございます。私たち夫婦は、所属教会長の子弟の結婚式に出席。その後、夫は自宅に向かい、私は妹宅の講社祭に参拝するため、そこで泊まりました。

その夜、私がうとうとしていると、真柱《しんばしら》様の澄み切った「みかぐらうた」が聞こえてきました。夢うつつの私は思わず唱和させてもらい、ありがたくももったいない気持ちでお礼を申し上げておりました。その自分の声で目が覚め、妹に「姉さんは寝ていても、おつとめをしている」と言われ、二人で笑い合いました。

翌日、講社祭を終えて、布教所である自宅に戻った私は、新聞を見てびっくりしました。テレビ、ラジオでもその事件が報道されています。事のあらましは、A新聞によると次の通りです。

二十八日午後十時五十分ごろ、大阪市港区波除三丁目のＪＲ大阪環状線弁天町駅で内回り（八両編成）が発車した際、ホームにいた大阪府四條畷市の男性（68）が電車の連結部分に倒れ込んだ。車掌《しゃしょう》が気づいてブレーキをかけたが、電車が約五メートル動いて男性の頭がホームと電車の間にはさまれた。乗客約五十人がホームに降りてホームとのすき間を広げようと車両を押し、救出した男性は病院に。後頭部と右耳が切れ十日間のけが。乗客たちは、車両を押せばすき間は広がると判断、みんなで声を合わせて押した。救出劇は数分で男性（注＝私の夫）はほっとしていた……。

思えば事故のあったその時、私が夢うつつに「みかぐらうた」を唱和させていただいた時刻とぴったり一致するのです。

そのことを知って脳裏にひらめいたのは、私たち布教所に所属するようぼく五十人は、偶然とはいえ、たすけていただいた乗客の数と一致するということでした。おやさまのご守護のありがたさに涙するのみです。

真柱様が教祖《おやさま》百十年祭に向かう三年千日を打ち出されてすぐの大きなご守護に、当布教所のようぼく一同、心を引き締め、この年祭を一生懸命につとめさせていただきたいと存じます。おやさま、何とぞお力をお与えください。

ある感動的な出直し

稲葉美徳《いなばよしのり》　44歳・東京都大田区

（平成6年12月4日号）

未信の家庭の五十七歳になるご婦人が、子宮がんの手術から九カ月後に出直されました。大変な道中でしたが、家族が感動するほどの奇跡をお見せいただき、ありがとうございました。

手術後の治療も常に先手を打っていただきましたが、病状は進行するばかり。あと一カ月との宣告を受けて、その方の夫が上京し、病院に泊まり込まれて、こう言われました。

「妻は先生を待っているんです。お祈りをしていただくと、妻の顔がこんなに元気になるんです。ありがとうございます」

おさづけという言葉も知らないご家族が、二十四時間の看病の中から、こんな言葉をおっしゃるとは――。

しかし、病状は日に日に悪化し、酸素を使っても横になれない状態が続いた出直しの前日、病人さんが、

「もう、おばあちゃんが迎えに来ているけど、私はまだ皆さんにあいさつしていないから……いろいろとお世話になって、本当にありがとう。泣かないで、皆で笑って見送って……」

と言われ、苦しいはずの呼吸の中から、皆さんとVサインの記念写真を笑って撮られました。その時のうれしそうな顔が忘れられません。

翌朝は血圧低下の連絡で、私が病院に駆けつけた時にはすでに反応がなく、肩呼吸だけが続いていました。ひとしきり皆で手足を握っていると、信じられない

ことが起こりました。私が「それでは、おさづけを……」と言うと、握っていた病人さんの右手首が「クッ」と動いたので、私は思わず大声で「手が動いた！」と叫びました。

「母さんは、おさづけをしていただくことがわかっているんだ」と、その方の夫が言われました。後から思っても、それはおさづけに対するお礼のように思えてなりません。私は「最後の最後まで、親神様《おやがみさま》にお連れ通りいただきますように」と念じて、「あしきはらい……」と唱え始めました。

その途端に、努力呼吸の喘鳴《ぜんめい》が消えたので、私は病人さんののどが詰まったと思って、看護婦をしている一人娘の方に「ベッドを上げて」と頼んで取り次ぎを続けましたが、呼吸は止まりませんでした。苦しそうな呼吸は消え、眠るような普通の呼吸に変わっていたのです。家族が手を握り、一時間ほど静かにまどろんでいましたが、次第に呼吸がゆっくりとなり、家族の前で最期の息がスーと止まりました。

　末期がんの患者さんが、大学病院でこんなに安らかに息を引き取るとは、だれが想像したでしょうか。担当医はなおも人工呼吸の準備をしていましたが、だれ言うともなく、「ありがとうございました」と自然に答えていました。おたすけ人であり、医者である私の立場から見ても、全く感動的な出直しでした。

　北海道の方ですが、私どもの東京の教会で密葬をさせていただきました。今後は、遺《のこ》されたご家族の方々が、どんな中も神様にお連れ通りいただけるような心づくりに、努力させていただきます。

　おやさまが、私のような駆け出しの者にまで不思議をお見せくださいましたことに、心からお礼申し上げます。

教会初のバス団参

辻本教道《つじもとのりみち》 68歳・岡山県笠岡市

（平成8年7月21日号）

おやさま、平素はいろいろとありがとうございます。

親神様《おやがみさま》の思召《おぼしめし》通りに動かない私どもではありますが、日夜お恵みを頂戴《ちょうだい》して、元気に通らせていただいております。あらためて、心よりお礼申し上げます。

二十年、いや三十年近く事情があってブランクのあった教会を、このままでは相済まないことと思い、私の六十五歳を転機に、四十年余り続けた商売にピリオドを打ち、生まれ故郷の教会に戻りました。八人兄弟の五男の私が、おやじ（初代会長）の後継者として教会の門を再び開くことになりました。

これまでは紆余曲折《うよきょくせつ》もありましたが、教会創設の元一日に思いを致し、私の余生のある限り、教会を再生させ、片田舎《かたいなか》での宗教に対する偏見をぬぐい去るためにも、をやに喜んでもらえるようぼくとしてお使いいただけるよう鋭意、勉強を重ねていきたいと思います。

「教祖《おやさま》百十年祭の旬《しゅん》に、各教会からバス一台の団参を」との上級教会からのお声を頂き、去る六月十二、十三の日程で団参を行ったところ、総勢四十一人の参加を頂きました。そのうち、天理に初めて参拝された方が二十八人、その中で初席者四人と中席者一人をお与えくださいました。教会創立以来六十有余年で、初めてバス一台を借り切っておぢばに帰らせていただきました。喜びいっぱい、感無量でございます。

初のバス団参によって、わが教会の歴史の一ページを墨濃く彩《いろど》ることができました。これを起爆剤に、陽気ぐらしの教会に向かって、微力ながら努力いたししたいと思います。

今後もお目にかけていただき、よろしくお連れ通りくださいますよう、伏して
お願い申し上げます。

強さは
やさしさの
根源ですね。

心を病んだM子

諸井《もろい》眞徳《まさのり》 71歳・名古屋市

(平成9年9月21日号)

五年前、妻の五十日祭を無事に済ませた二日後から、三人の精神障害者に住み込んでもらいました。このうちの一人、N子はご守護を頂き、この秋に華燭《かしょく》の典を迎える運びです。また、K子は症状が安定したので、両親の元で平穏な家庭生活を送っています。

いま一人のM子の場合は、ご守護を頂くのにどのような〝理立て〟をさせていただこうかと思案した末、単独布教を思い立ち、布教の家「東京寮」に入る心定めをしました。M子には、七十歳になる私が布教に出る思いを話し、本人には修養科に入ってもらいました。

しかし、そうそう簡単に立ち直れるものではなく、身元保証人である私は再三呼び出され、詰所に通いました。修養科はなんとか修了したものの、M子は帰宅して後も自殺未遂《みすい》をしたり、真夜中に飛び出したりして、短気な私を磨いてくれます。二、三日前にも「ばかにされた、恥をかかされた。どうしてくれる」とわめき、包丁《ほうちょう》を握って私の前に仁王立《におうだ》ちするひと幕もありました。二十余年前に、酒乱の男性二人を住み込み人として世話した当時を思い出し、涙があふれました。

その時は妻や子どもの身を思うあまりに、ここで殺されては家族がふびんだと逃げ腰だったため、二人をたすけることができませんでした。このような心掛けでは、布教師が人をたすける理はなく、結果は二人とも痛飲の果て、いのちを落としたのです。

M子には「自殺するもよし、私を刺すもよし、酒乱の二人をたすけることができなかった過去を親神様《おやがみさま》におわびしているのだ。当時は家族を思い、わが身思案が強かったが、いまはなんの心配もない身だ。おまえの良いようにしろ」と言い放った途端、包丁を捨てて自分の部屋に引きこもりました。私はおやさまの前に端座して、おわびと反省のひと時でした。

残念なことがあります。それはM子の親が、参拝はもとより、様子を見に来ようともしないばかりか、いわば厄介払いができてせいせいしたという態度です。このような中を陽気に暮らすには、どのようになすべきかと思案すればするほど、私も切ない思いで逃げ出したくなるのです。しかし、「M子が自分の子どもだったらどうする？　逃げられるか、捨てられるか」と心を持ち直す日々です。

おかげさまでわが家の子どもたちは家庭円満、家業は順風満帆《じゅんぷうまんぱん》で、小学六年生の孫は「こどもおぢばがえり」の少年ひのきしん隊員として伏せ込んでくれ、来年は友達を誘って参加すると張り切っています。私はなんの心配もない日々をお連れ通りいただいていることを思えば、M子一人くらい心に掛かる子どもがいても仕方ないとおわびし、おたすけの続行を心に誓い、その理立ては、来年迎える教祖《おやさま》ご誕生二百年を目標に努力させていただきます。

がんと宣告された日

諸井眞徳《もろいまさのり》　72歳・名古屋市

（平成10年2月22日号）

わが家に住み込んでいるM子の心の身上《みじょう》のおたすけの件で、お便りを書かせていただいてから半年が過ぎました。

昨年九月以降の彼女は、うつ状態が続き、朝夕の参拝もしないで部屋に閉じこもるばかり。三度の食事は部屋の前に置いておけば、家人のいない時を見計らって食べ、ふて寝する日々でした。冬に向かう折から、彼女の部屋の暖房をどうすべきか、また彼女はタバコを吸うので火事を心配した私は、冬だけでも入院させようと手配しましたが、本人か親の同意がなければ受け付けてくれませんでした。

私はと言えば、ひと月が過ぎたころから、胃が食べ物を受けつけず、吐き出す症状が二十日ほど続きました。そのうち痛みも感じるようになったので近くの医院で診てもらうと、神経性胃潰瘍《いかいよう》との診断。年の瀬も迫り、開業医では処置できないと言われて大病院へ移ったところ、緊急入院。検査の結果は胃がんでした。

手術を勧められましたが、人生七十年、戦場にも行き無傷で今日を迎えられた身に、あえて傷をつくるのは親神様《おやがみさま》に申し訳ない。また、入院したおかげでM子の親が「先生にこんなご苦労をお掛けして申し訳なかった。これからはこの娘《こ》をしっかり守っていきます」と言って、引き取ってくれたことにも感謝し、「手術は結構です」と辞退しました。

胃がんの宣告を受けた日は、図らずも阪神・淡路大震災の「三回忌追悼供養」が被災地で催されていました。三年前のあの日、マスコミを通じて被災地の模様を知った私は、被災した皆さんをなんとか激励させていただきたいとの一心で、またM子の身上ご守護の祈願と併せて、布教の家「東京寮」に入る心定めをした日でもありました。

このような結果をお見せいただいたのはなぜか、親神様・おやさまの思召《おぼしめし》はどこにあるのかと思案しましたが、それより何より目前に迫った教祖《おやさま》ご誕生二百年と、大教会創立百十年記念祭に向かって頑張らせていただこうと、一月二十五日に退院し、翌二十六日に本部春季大祭に参拝して感激の涙を流しました。

これからは、がんという病気と仲良く付き合いながら、にをいがけ・おたすけに努力させていただきます。

おやさま、なにとぞいままでに増してのご守護をお見せいただけますよう、お願い申し上げます。

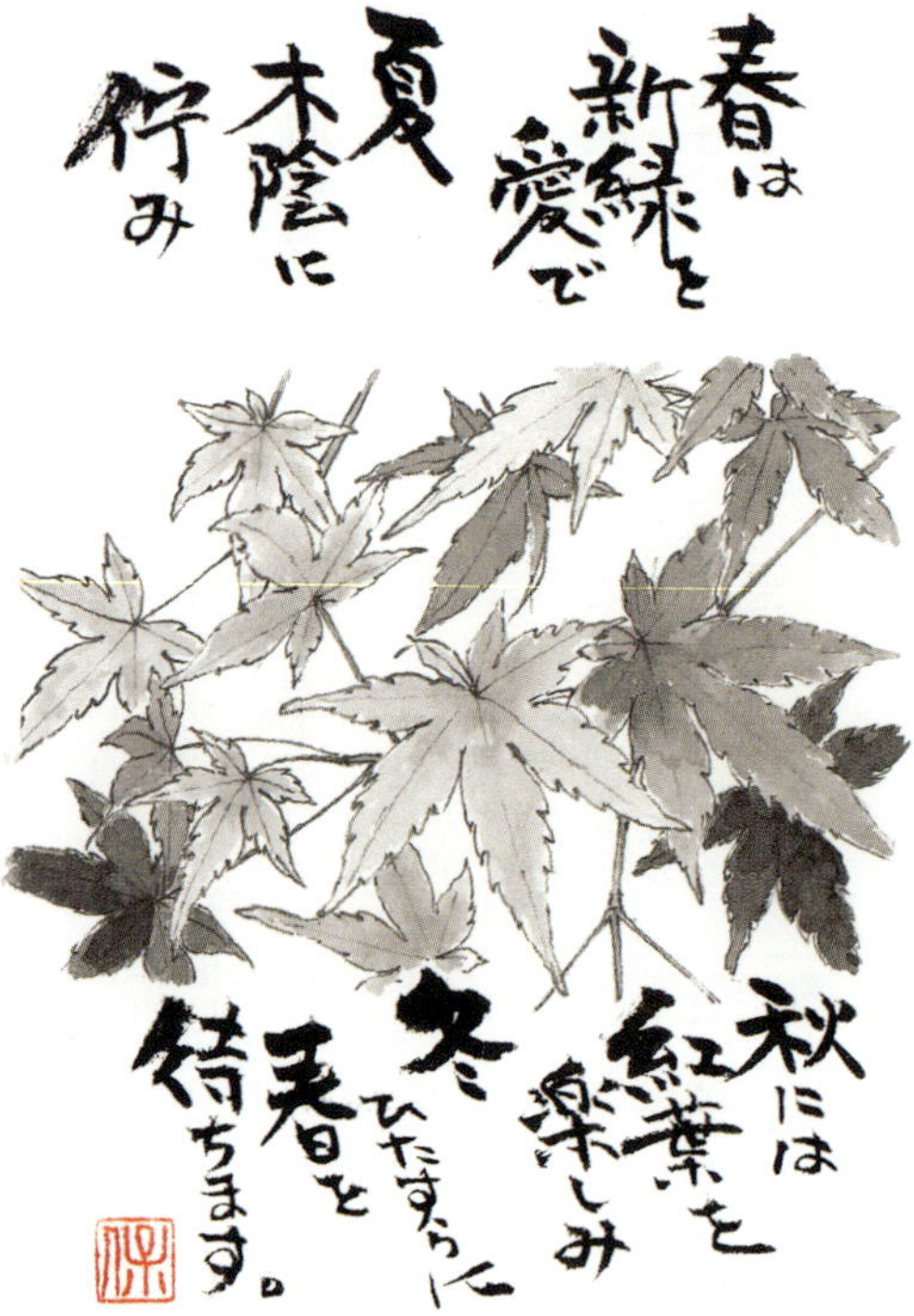
春は
新緑を
愛で
夏
木陰に
佇み
秋には
紅葉を
楽しみ
冬
ひたすらに
春を
待ちます。

夢への〝お入り込み〟

難波嘉男《なんばよしお》 52歳・福岡県大野城市
（平成6年10月30日号）

先日、夢を見ました。真柱《しんばしら》様のお供《とも》をして、二人っきりでどこかへ向かっている夢です。

――初めは電車の中でした。それも自由席です。自由席で申し訳ないなあーと思いつつ、やがて二人は歩いていました。田舎《いなか》の道です。農家へ入りました。「こんにちは、天理教です」と声をかけました。そうです、にをいがけをしているのです。真柱様と二人で。

だれも出てきません。留守のようです。私がふと土間の上の方へ目をやると、神棚《かみだな》がありました。「真柱様、ここは天理教の信者さんですよ」と私が申し上げますと、真柱様はニコッとされました。

やがて二人は山道を登り、頂《いただき》にかかりました。すると真柱様がペタッと地面にお座りになり、向こうの方へ拝をされるのです。私も急いでまねをして、向こうの方をながめると、そこはおぢばの方角でした。「あっ、ここは十三峠《じゅうさんとうげ》だったのか」。夢の中でそうわかりました――。

おおまかですが、こんな夢です。目が覚めた時、私がなぜこんな夢を見たのか、すぐにわかりました。それはまぎれもなく、九月三十日の「全教一斉にをいがけデー」の朝の会話が、私の頭にインプットされていたからです。

その日は支部内のご婦人の布教所長さんと、そのお嫁さんを誘って、車で会場へ向かっていました。

「先生、うちの上級へ、もうすぐ真柱様がお入り込みくださるんですよ。ホホホ……それはもう、ホホホ……」と、うれしそうに話されるのです。

「そう、それは喜ばしいことですね」

「はい、それはもう、こんなにうれしいことはありません」

「ところで、教会には部内が何カ所ありますか」

「はい、三カ所です」

三カ所かぁ、私のところと同じだなぁ……。ということは、ひょっとしたら、うちの教会へも真柱様がお入り込みくださる日があるのかなぁと思いつつ、布教所長さんの話が心に残っていたのです。

そうです。私は一歩先に夢の中で、真柱様にお入り込みいただき、帰路のお供をさせていただいたのです。いま、あの夢を振り返る時、私はひとりでに顔がほころびます。うん、あの夢はいい夢なんだ。真柱様がわざわざ夢にまで出てくださり、にをいがけに行こうか行くまいかと、いつも踏ん切りのつかない私の手をやさしく引いてくださった。よし、やろう。絶対やるぞ。やろうかなあ、明日にしようと、いつも迷う心を、もうやめます。歩きます。この手紙がおやさまの元へ届くころには、もう歩いています。

おやさま、良い夢を見させていただき、誠にありがとうございました。

信じる者の強さを教えられた——あとがきに代えて

堤 保敏

栗《くり》、柿《かき》、楓《かえで》などの落ち葉を描《か》き終えて、十二年間連載された「拝啓おやさま」の挿絵《さしえ》の筆を静かに置いた。

冬枯れの日、連載の締めくくりを飾るにふさわしい画材を探しに外へ出た。水仙《すいせん》や山茶花《さざんか》など、厳冬のさなかでも絵にする花はいっぱい咲いているのだが、私は落ち葉の美しさにすっかり魅《ひ》かれてしまった。吹き溜《だ》まりの中からモデルになりそうな候補を選ぼうとして、そっと落ち葉をかき分けると、むきだしになった土から、かすかではあるが春の香りが漂ってきた。落ち葉の下には、すでに春が準備されていたのだ。この大発見をおやさまにご報告申し上げること

こそ、最後の〝絵だより〟にうってつけだと思ったのである。

「私が堤です」

「えっ、本当に、あの『拝啓おやさま』の堤さん？」

　数年前、ある教会の奥さんと何かのご用でお会いした時のやりとりである。

「拝啓おやさま」の絵を描く堤は色白、痩《や》せ形、美男子と思い込んでおられるようで、頭のてっぺんから足の先までジロジロ眺められるだけで、私が正真正銘の堤と信じてもらえるまでに時間がかかった。若い頃《ころ》の私を知っている人には、私が絵を描いていることなど、いまだに信じてもらえない。私の風貌《ふうぼう》と花の絵は、あまりにもミスマッチだからだ。

今日、こうして絵を描き続けている原因を探ってみると、少年時代にまでさかのぼるように思う。

当時の私の遊び場は、もっぱら教会の庭だった。猫の額ほどの土地があれば、食料になるものを植えていた戦後の貧しい時代、教会の庭だけは別天地であった。植木の葉っぱ一枚一枚にまで手入れが行き届いていて、それは本物の豊かさを求めて集う信者一人ひとりの心が集約されたような美しさだった。この原風景が、のちに花の絵を描くことに繋《つな》がっていると、この年になって思うのである。

長女が乳母車に乗っている頃、エッセイストの神西雅美《じんざいまさよし》さんと知り合った。まもなく〝三百六十五日の文《ふみ》〟として、氏から私の元に毎日の便りが届くようになった。以来、ギネス級の記録として、今日まで二十数年間続いている。

便りを頂く私としては、一方通行ではおもしろくない。とはいえ、エッセイストの文章には隙《すき》がないので、私のような誤字脱字の常習者ではとても太刀打ちできない。そんな二人が互角にわたりあえる方法を模索しているとき、氏は胃潰瘍《かいよう》で入院した。

その頃、わが家の畑には菜の花が咲き始めていた。大和《やまと》・斑鳩《いかるが》の里の早春の空気を絵にして、病床にいる氏のお見舞いにしようと、官製はがきいっぱいに菜の花を描いて、ひと言だけ添えて投函《とうかん》した。これが私の〝絵だより〟第一号となった。

数日して氏から「どんなお見舞いよりも、菜の花の絵だよりが一番元気づけてくれた」と喜びの声が届いた。これに気を良くして、氏に宛《あ》てての〝三百六十五日の絵だより〟に挑戦したのである。

十数年描き続けると、やっと私らしさが出るようになった。そう感じた頃から、描きたい時に描くという私のペースに戻して、今なお描き続けている。民謡歌手の原田直之《はらだなおゆき》さんとも〝絵だより仲間〟として親交は古い。いま書店には「絵手紙」の本が何冊も並んでいる。ちょっとしたブームだが、私と原田さんは〝絵だよりの元祖〟ではないかとひそかに自負している。

十数年前、こんな私を探しだしたのが『天理時報』のM記者である。

「しかし、私はプロの画家ではありません。教内には、この企画にふさわしい人がいっぱいいるでしょ。私は素人ですよ」

「いや、素人くさいのがおもしろいと思うのですが……」

ほめられているのか、けなされているのか分からない説得で、新企画「拝啓おやさま」の挿絵を引き受けてしまった。一年も続けばいいと気軽に始めたのだが、滑りだしから届く便りの多さに驚かされた。

届いた手紙の中から時報に載せるものが選ばれ、若干の編集が加えられ、活字になって私の元へファックスで届けられる。その手紙の内容に沿う形で、私もおやさまに絵だよりを描いた。それが、十二年間のロングランになったのである。

いま私は、ここまで連載が続いたエネルギーの源が何だったのか、検証する立場に立たされているような気がする。

記事として時報に掲載されなかったようであるが、未信者の女性から、おやさまに宛てた一通の便りがあった。普通は、掲載予定の手紙以外は私の目にふれることはないのだが、この便りに限っては読ませてもらった。

病気や家庭の事情といった艱難辛苦《かんなんしんく》を経験し、失意の底におかれた彼女の元に、お道の信仰者である母親は、何も言わずに時報を届け続けた。藁《わら》にもすがる思いで時報を読んだ彼女は、やがて、おやさまに手紙を書く勇気を得る。これが、失意の底から彼女がはい上がる第一歩となるのだが、彼女の手紙は今も私の心に焼きついている。その訳は、

「どうして天理教を信じる人たちは、こんなにも強く生きられるのでしょうか」

という彼女の問いかけが、あまりにも鮮烈だったからである。

信じる者は強いという当たり前の真実を、私はあらためて教えられた。そして十二年間というロングランの原動力は、ご存命のおやさまを信じて生きる人々の心の強さにあることを、私は今になってようやく理解したのである。

「拝啓おやさま」は、ひとまず幕を閉じた。また、いつの日か、私の絵が皆様のお目にかかる日を楽しみにしながら。

つつみ・やすとし　昭和21年、岐阜県美濃《みの》市生まれ。奈良県生駒《いこま》郡斑鳩《いかるが》町法隆寺《ほうりゅうじ》で、知的障害者を預かる私塾「堤塾《つつみ》」と、剣道場「以和貴《いわき》道場」を主宰する。著書に『四季の絵だより』『絵だよりのある風景』（ぎょうせい）、『あわてるからあかんのや——知恵おくれの仲間に学ぶ』『あわてるからあかんのやⅡ』（天理教道友社）など。

拝啓おやさま　道の子の〝心の文箱〟

立教164年(2001年) 7月1日　初版第1刷発行

編　者　天理教道友社

TENRIKYO DOYUSHA

発行所　天理教道友社
〒632-8686　奈良県天理市三島町 271
電話　0743(62)5388
振替　00900-7-10367

印刷所　株式会社天理時報社
〒632-0083　奈良県天理市稲葉町 80

ISBN 4-8073-0468-2
定価はカバーに表示